URBEX

Réécriture
Nassera Zaid

Images
Timothy Hannem

Conception et réalisation graphique
François Moreno

Photogravure
Reproscan S.r.l.

Flammarion, Paris / 2016
87, quai Panhard-et-Levassor
75647 Paris Cedex 13
Tous droits réservés
ISBN : 978-2-0813-5607-8 / N° d'édition : L.01EBNN000378.C002

TIMOTHY HANNEM

URBEX

50 LIEUX SECRETS ET ABANDONNÉS EN FRANCE

Arthaud

TIMOTHY HANNEM
URBEX
50 LIEUX SECRETS ET ABANDONNÉS EN FRANCE

Introduction ———— pages 6-7

Les sites
Sites n°1 à 30 ———— pages 12-155

Envie d'aller plus loin ?
Sites n°31 à 50 ———— pages 156-159

Remerciements ———— page 160

[Introduction]

J'aime les endroits abandonnés. Depuis mon enfance, ces lieux inaccessibles m'ont toujours fasciné. Le plaisir d'enfreindre l'interdit, d'escalader un mur, de se faufiler dans le trou d'un grillage, me donne immanquablement envie de dépasser mes peurs.

_____ Fan de films d'aventure, d'épouvante et de science-fiction, j'aime m'embarquer virtuellement dans des univers fantastiques. Ces films et les émotions qu'ils suscitent en moi m'ont, de toute évidence, influencé lors de mes premières explorations urbaines. Parmi les histoires qui m'ont marqué, comment ne pas évoquer *Les Goonies* où une bande de jeunes part à la recherche d'un trésor caché, ou *Stand by Me* dont l'intrigue est construite autour de la quête d'un cadavre, sans oublier *Ken le Survivant* ou *Conan le fils du futur* qui se déroulent tous les deux au cœur d'un monde post-apocalyptique.

_____ J'ai toujours aimé transposer dans ma réalité les émotions qui surgissent de la fiction. Enfant, une simple bicoque délabrée, des volets qui claquent au vent, une cave éclairée par le faisceau d'une lampe de poche, suffisaient à me faire basculer dans un autre monde. En trouvant le courage nécessaire pour visiter ces lieux abandonnés, je sens monter l'adrénaline en moi aussi sûrement que lorsque je regarde des films d'horreur.

_____ L'attrait que j'éprouve pour ces lieux étranges ne m'a jamais lâché, bien au contraire. Leur exploration, d'un simple jeu au départ, s'est transformée en une véritable passion. Avec les années, j'ai pris de l'assurance, acquis de l'expérience. Les endroits que je visite aujourd'hui sont plus grands, plus dangereux, et me paraissent plus intéressants. Mon regard a évolué. La frayeur a laissé place à une forme d'excitation que j'ai du mal à qualifier. Si le plaisir d'enfreindre l'interdit est toujours aussi vif, une certaine mélancolie, voire une nostalgie viennent s'y ajouter.

_____ Lorsqu'on est enfant, on a peur des fantômes ; à l'adolescence on s'effraie des rencontres malencontreuses (squatteurs, policiers, gardiens, etc.) ; en grandissant on se prend à imaginer la vie de ceux qui ont vécu là, dans ces bâtiments devenus des ruines, les questions souvent se bousculent : qui étaient-ils ? Pourquoi ces endroits sont-ils abandonnés ? Lorsque je découvre des objets personnels, des documents, des traces de vie passées… mon esprit s'emballe.

_____ Mes études en architecture ont donné une nouvelle dimension à mes pérégrinations insolites. J'essaie de tout connaître ou presque des bâtiments que je visite qu'ils soient manoir, usine, sanatorium ou hôpital. Chacun d'eux s'inscrit dans une époque et dans un style. L'exploration urbaine (urbex) m'offre l'occasion de reconstituer le cours des événements passés.

_____ Je prends beaucoup de photos sur place, je filme quand je le peux, je scrute les lieux à la recherche d'indices qui pourraient me mettre sur la trace des anciens occupants… D'autres confrères explorateurs urbains y trouvent un pur plaisir photographique et, dans ce domaine, les lieux abandonnés sont un décor parfait. Je suis plutôt du genre à passer une heure à fouiller un grenier poussiéreux et à traquer des informations sur Internet.

_____ L'arrivée du numérique dans les années 2000 va bouleverser ma vie d'explorateur. Je décide de créer un site Internet pour partager mes découvertes, et espérer, qui sait, que des gens me contactent pour m'aider à reconstituer l'histoire de ces lieux. « Glauque-Land » voit le jour.

_____ Le site est organisé comme un parc à thèmes : on visite virtuellement, comme dans un labyrinthe, un manoir, puis une usine, un restaurant, une carrière… Si tous ces lieux semblent surgir hors de la réalité, ils ont tous bien existé. La vie de certains bâtiments se poursuit sur Glauque-Land alors que nombre d'entre eux ont été condamnés, voire détruits ou réhabilités. Mes photos prennent soudain une valeur historique et parfois même sentimentale. Ainsi, après la parution de ma BD sur l'histoire d'un orphelinat qui m'avait particulièrement ému, d'anciens pensionnaires se sont retrouvés et m'ont ouvert leur mémoire.

_____ C'est pour cette raison qu'il est important pour moi de témoigner, c'est-à-dire de montrer le lieu tel qu'il est au moment où je le visite. Je ne m'autorise aucune retouche ou montage. Je tiens à témoigner avec authenticité de ces endroits hors du commun. Mon objectif est de constituer, sans prétention, une sorte de documentation. Impossible toutefois sur Glauque-Land d'indiquer l'emplacement de ces fameux sites. Je ne tiens pas à ce que des gens mal intentionnés (tagueurs, voleurs, etc.) visitent ces lieux. Les bâtiments en partie écroulés ou fragilisés peuvent s'avérer très dangereux à explorer, alors inutile d'inciter des amateurs à s'y rendre. L'exploration urbaine n'est pas une passion sans risques. On peut, faute de connaître l'endroit, passer à travers un plancher, tomber dans un trou, etc. La règle entre explorateurs urbains est donc de rester discret sur la situation géographique et tant pis si cela doit frustrer les internautes.

_____ Cet ouvrage n'échappe pas à la règle, aucun site n'est localisé mais une série d'indices permet aux plus accrocheurs de trouver la trace de tous ces bâtiments abandonnés. Quelques conseils toutefois pour ceux qui voudraient se lancer dans l'aventure : n'allez pas dans ces lieux seul. Chargez votre téléphone portable à 100 %, prenez une bouteille d'eau et de quoi manger au cas où. Prévenez quelqu'un de votre escapade et de l'heure à laquelle vous pensez rentrer. Côté matériel ne pas oublier des chaussures de marche, une lampe de poche et pourquoi pas des gants ou des bottes. Vous le découvrirez au fil des pages, elles peuvent toujours servir !

LES SITES

LES SITES

1 _ L'orphelinat sans avenir   P. 12 > 17

2 _ La maison aux quatre faces   P. 18 > 21

3 _ L'abattoir de la nausée   P. 22 > 25

4 _ Le manoir du chat mort   P. 26 > 31

5 _ Le sanatorium enneigé   P. 32 > 37

6 _ Le domaine des trois colonnes   P. 38 > 43

7 _ Le crâne pourri   P. 44 > 47

8 _ La piscine et les grenouilles   P. 48 > 51

9 _ La poupée suspendue   P. 52 > 57

10 _ La source de l'art   P. 58 > 63

11 _ Le collecteur Grippe-Sou   P. 64 > 67

12 _ Le manoir à la lanterne   P. 68 > 71

13 _ L'hôpital des trois oursons   P. 72 > 77

14 _ Le château de Marguerite   P. 78 > 81

15 _ Le cimetière des oubliés   P. 82 > 85

Urbex　　　　　　　　　　　　　　　　Sommaire ↓　　　　　　　　　　　　　　　Les sites

16 _ Le manoir du sanglier　　　P. 86 > 89

17 _ L'église aux pigeons　　　P. 90 > 93

18 _ Le château chocolat　　　P. 94 > 97

19 _ Le sanatorium dans la forêt P. 98 > 103

20 _ Le monastère aux mûres　　P. 104 > 107

21 _ Le fort du Haut-Bouc　　　P. 108 > 111

22 _ La demeure de l'ambassadeur
P. 112 > 115

23 _ L'usine aux biquettes　　　P. 116 > 119

24 _ Le château lumière　　　　P. 120 > 123

25 _ L'usine Delatour　　　　P. 124 > 127

26 _ La pension inondée　　　P. 128 > 131

27 _ Le moulin sur la Sarthe　　P. 132 > 137

28 _ Le collège de la fontaine　P. 138 > 143

29 _ Le parc du labyrinthe　　　P. 144 > 149

30 _ Le manoir aux moutons
P. 150 > 155

« Va dans l'Essonne, près d'Étampes, il y a un orphelinat abandonné, ça devrait te plaire. » De tels messages j'en reçois régulièrement via mon site Glauque-Land. Nous sommes au début de l'année 2007. Cette phrase aurait pu être juste survolée et disparaître dans le flux comme tant d'autres, pourtant, ce jour-là, je me suis arrêté sur quatre mots qui ont particulièrement éveillé ma curiosité. Il suffit de pas grand-chose pour prendre son sac à dos et sauter dans sa voiture pour découvrir ce qui se cache derrière un « ça devrait te plaire ». Tandis que je prends l'embranchement de l'autoroute A10, mon esprit s'évade dans l'histoire que je m'invente sur cet ancien orphelinat. Des bâtiments, des enfants, des cris, des rires, des pleurs sans doute… je ne sais rien sur cette maison d'enfants. Je la découvre sans a priori, à tâtons, seulement muni de la localisation sur Google Maps. C'est une surprise totale. Je constate toutefois sur le plan que le site est assez grand. Quatre ou cinq bâtiments que j'ai hâte d'explorer.

_____ Cerny : terminus du voyage et de ma rêverie. Je me dirige vers le parc indiqué sur la carte. Je n'ai pas de mal à trouver un point d'entrée. C'est on ne peut plus simple, précisait le message. Je pourrais escalader la grille principale, mais j'ai peur que cela ne soit pas trop discret. Je remarque le

chemin de campagne censé contourner la propriété. Des ronces grimpent le long d'un grillage. Les yeux fixés sur cette barrière végétale, je tombe rapidement sur un trou assez grand qui m'ouvre la porte de l'orphelinat, côté jardin. J'enjambe le muret, la visite peut commencer. Un tapis de feuilles jaunies,

Urbex   Site n° 1 ↓   L'orphelinat sans avenir

> **L'HISTOIRE** Le foyer des enfants a été fondé par la CGT en 1974 et a ouvert ses portes au début du mois de juin 1976. L'institution s'installe dans un château du XVIIIe siècle, sur un domaine de 10 hectares en région parisienne. Les enfants en grande difficulté familiale trouvent refuge dans le foyer géré par la CGT jusqu'à cette nuit du 13 janvier 1988 où, à l'issue d'un conflit social avec le personnel, le service d'ordre de la CGT met brutalement tout le monde dehors. Les éducateurs et cinquante-sept enfants se retrouvent à la rue. La panique est totale. Les enfants sont dispersés entre des familles d'accueil provisoires, la DDASS, voire leurs familles biologiques d'où ils avaient été retirés.

etc., sont les premiers signes extérieurs de l'abandon de cet endroit énigmatique.

_____ Un panneau « Accueil » m'invite à pénétrer dans un des bâtiments plutôt modernes. Un ensemble de pavillons formés de cubes en béton parés de

de lierres et d'espèces envahissantes coure au pied des arbres effeuillés en ce début d'automne. Un pneu suspendu à un trépied en bois en guise de balançoire, une estafette turquoise en partie désossée couverte de rouille, un lavabo brisé gisant le robinet planté dans la terre, une machine à écrire, briques ocre datant des années 1970 pouvant accueillir une cinquantaine enfants. À l'intérieur, tout est détruit ou presque, vitres brisées, portes démontées, papiers peints arrachés... Une tornade semble être passée sans prévenir. Je déambule dans les couloirs au milieu des chambres, des salles de jeux ou de classe complètement dévastées. Les cuisines ont aussi subi de nombreux dégâts. Que s'est-il passé dans cette maison d'enfants ? Trop peu de choses permettent de comprendre l'histoire de ce lieu.

_____ De nouveau dans le parc, je veux en savoir davantage sur la vie du château, le bâtiment historique du domaine datant du XVIIIe siècle qui contraste avec l'architecture des autres bâtiments. Les façades de cette imposante maison bourgeoise sont en parfait état de conservation. Mais là aussi, les pièces ont été soigneusement vidées et les vitres brisées. D'autres dépendances attirent mon attention : une chapelle privée à proximité de la maison de maître et du mobilier de jardin en pierre qui n'a sans doute pas changé de place depuis longtemps. Ma visite s'achève sur une jolie serre envahie par une végétation

Urbex Site n°1 ↓

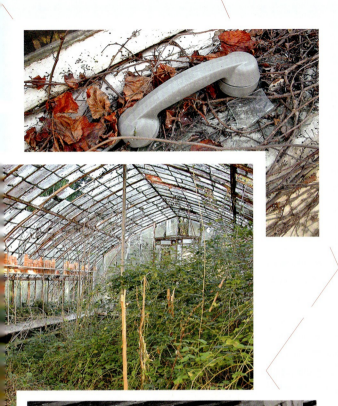

> **ANECDOTE** Un an après cette première visite de 2007, je retourne sur place pour tourner une vidéo. Je publie également une mini-BD sur mon blog A Cup of Tim. Deux semaines plus tard, c'est la surprise ! D'anciens pensionnaires de l'orphelinat ont commenté la BD. Ces enfants, devenus adultes, se sont retrouvés grâce à mon blog. De nouveaux liens se tissent entre eux et je peux remarquer qu'ils prennent plaisir à évoquer ce passé commun. Je suis leurs échanges avec grand intérêt, car cela donne du sens à mon exploration. Les histoires que j'ai pu me raconter deviennent tout à coup réelles : des prénoms, des témoignages réhabilitent l'histoire dans cet orphelinat. Je vois les personnages de ma BD s'animer. Et même au-delà, puisque trois des anciens pensionnaires proposent de m'accompagner sur le site et de me raconter l'histoire du lieu en détails et la fonction des différentes pièces. Une visite chargée d'émotions. Inoubliable !

> **À NE PAS RATER** Une magnifique serre située à proximité du château. La végétation a envahi l'espace où des pots de fleurs empilés semblent attendre le jardinier qui les garnira de terreau et de fleurs.

exubérante, sans que je comprenne vraiment les liens entre tous ces bâtiments. Il faudra quelques recherches en aval de cette exploration et la publication sur mon blog d'une BD relatant ma visite pour que le voile se lève. •

Urbex Site n° 2 ↓ La maison aux quatre faces

Depuis la rue, j'aperçois le toit de la maison. Les indications de mon amie, exploratrice comme moi, sont exactes. L'entrée est murée. Impossible de pénétrer par ce côté. Je contourne la maison inhabitée par une allée qui longe un mur tagué et j'arrive sur un terrain vague mitoyen. Trois gamins qui jouent au foot prennent peur en me voyant débarquer par le trou d'un grillage. Quelques mots rassurants et l'évocation d'un film d'horreur pour lequel je viendrais prendre des photos les rassurent. Je sens, dans leurs regards curieux, un brin d'admiration. J'en profite pour passer le dernier obstacle : escalader le mur de mon nouveau terrain de jeu. J'atterris sur une zone en friche. Exempte du moindre coup de bêche, la végétation s'est développée de façon anarchique. Je repère un sentier à peu près praticable qui traverse ce jardin fantastique. Je me fraie un chemin dans ce dédale de ronces et d'herbes hautes.

_____ La propriété ne semble pas si grande. Ma première trouvaille : une cabane de jardin avec toutes sortes d'objets stockés en vrac, radiateurs, barbecue, chaises, etc. Rien de bien intéressant, sauf peut-être pour quelques brocanteurs ou ferrailleurs. Je sors de ce débarras tapissé de toiles d'araignées et me retrouve dans la cour au pied d'un magnifique cerisier dont les branches s'étirent vers la lumière. Solide et verdoyant, ce colosse végétal semble veiller sur cette demeure et ses secrets.

_____ La porte arrière est fermée. Comment entrer ? Mes yeux courent sur les façades, scrutant le moindre indice. En suivant du regard le tronc de ce géant, je vois bien la fenêtre d'une véranda

entrouverte, mais comment y accéder sans échelle ? Il faut pourtant trouver le moyen de m'introduire dans la maison.

_____ Je vais à la cave histoire de… elle a déjà été visitée. La voie est libre ! Le faisceau de ma lampe passe en revue la pièce encombrée de vieilleries poussiéreuses. En levant la tête pour éviter de me cogner dans un plafonnier, je découvre un trou béant. Pendant un court instant, j'imagine mes prédécesseurs qui ont dû mettre un temps fou pour défoncer ce plancher. Sans eux et cette chaise haute, qui me sert d'escabeau, je n'aurais sans doute pas pu poursuivre mon exploration.

_____ Le rez-de-chaussée a été vandalisé. Pas grand-chose n'attire mon attention. La salle de bains, une chambre et quelques documents éparpillés. J'avance prudemment pour ne pas tomber dans le trou qui m'a permis d'entrer à la dérobée dans la maison.

_____ Un nouvel obstacle, et pas des moindres : une porte blindée obstrue le passage vers l'étage supérieur. Comment faire ? Un puits de lumière éclaire anormalement une partie de la pièce. Je lève

les yeux... par chance, un autre trou a été percé par mes prédécesseurs. Grâce à un tabouret posé sur un évier et un peu d'huile de coude, je parviens à me hisser sans trop de mal au premier étage.

_____ Si le rez-de-chaussée avait pu sembler désert, côté chambres, c'est tout le contraire. Les sols sont jonchés de livres, magazines, jouets, peluches... Un immense tas de souvenirs ayant appartenu aux occupants de la maison; les premiers vrais indices pour moi qui, j'espère, vont m'aider à comprendre l'histoire de ce lieu figé dans le temps.

_____ Je survole ce « butin » de papier qui aurait pu me laisser complètement indifférent. Sauf que les premiers posters où pose un célèbre boys band des années 1990 me plongent dans un univers familier, celui de mon adolescence où les filles fredonnaient les tubes de ces minets apprêtés. Avait-on le même âge? Filles ou garçons? La découverte d'anciens *Dorothée Magazine* confirme l'époque où dans ces chambres, les ados devaient reprendre à tue-tête les succès des stars de la télé. La véranda que je voyais du jardin illumine une des chambres. Les branches du cerisier caressent les vitres.

> **L'HISTOIRE** Que s'est-il passé dans cette maison? Je n'ai eu qu'à me baisser pour trouver des centaines de documents personnels. Je comprends qu'une femme vivait seule avec ses deux filles. L'année 2002 est la dernière date que j'ai trouvée sur le courrier. Les murs des chambres couverts de posters de boys band des années 1990 marquent une époque. Les ados ont-elles déménagé en laissant leurs souvenirs d'enfance intacts? Et leur mère? Jusqu'à quand est-elle restée dans la maison? Pourquoi serait-elle partie? Une lettre parle toutefois d'une expulsion. Le mystère reste entier autour de cette maison ouvrière bordant la voie ferrée, à quelques minutes de Paris...

Sur le rebord de la fenêtre, quatre pièces d'anciens francs sont posées, côté face. Quatre faces qui donneront le nom imaginaire de ce pavillon de banlieue. •

Urbex ↙ Site n° 3 L'abattoir de la nausée

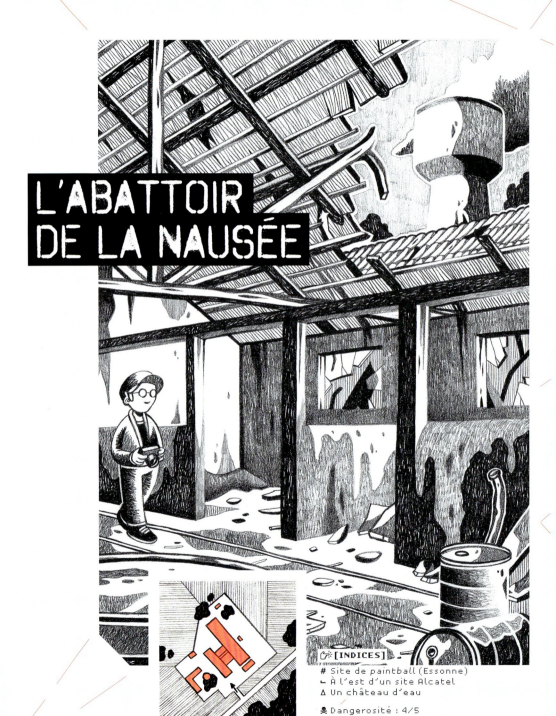

L'ABATTOIR DE LA NAUSÉE

[INDICES]
Site de paintball (Essonne)
⌐ À l'est d'un site Alcatel
△ Un château d'eau

☠ Dangerosité : 4/5
⏱ Durée de la visite : 2 h

Ambiance *Massacre à la tronçonneuse*. On est en plein mois d'août. Sous un soleil de plomb, j'avance, perdu entre quatre champs. Le site que je cherche est situé en rase campagne et j'ai du mal à m'orienter. Il n'y a pas un bruit, pas le moindre souffle d'air, même les herbes hautes sont immobiles. Seuls quelques insectes agités me rappellent à la vie. Pourtant, j'ai le sentiment, qu'ici, le temps s'est arrêté. Vais-je trouver comme dans ce film d'horreur une horloge transpercée d'un clou ? L'ambiance est glauque et pour cause : l'endroit qui m'a conduit dans ce *no man's land* est un abattoir désaffecté depuis les années 1970-1980.

J'ai garé ma voiture sur le bord de la route. Je n'ai pas d'autre choix que de continuer à pied. J'aperçois enfin le château d'eau. C'est mon point de repère. Tel un mirador, c'est lui qui veille à présent sur cette ancienne usine. Ce sera le début de ma visite. De son sommet, la vue sur le site doit être imprenable. La porte est ouverte. J'esquisse un sourire, mais je suis vite refroidi par l'état de

l'échelle complètement rouillée. J'abandonne l'idée, s'y aventurer serait trop risqué même pour une photo inoubliable.

_____ Les bâtiments sont juste à côté. Je laisse derrière moi le château d'eau et je suis ce qu'il reste d'une route bitumée envahie par des herbes folles. Une immense bâtisse en briques rouges, percée de baies vitrées, marque l'entrée du site. L'intérieur est presque entièrement vidé. Des installations industrielles sont toutefois restées sur place. Je me balade dans ces vastes hangars où subsiste encore une odeur particulière, surtout avec cette température estivale, en m'imaginant le fonctionnement du site. Des rails sont toujours rivés dans le sol. À quoi servaient-ils ? Où mènent-ils ? Je suis un long couloir délabré, couvert de peintures, et j'atterris dans l'endroit où les bêtes arrivaient sur pieds. Des porcs, *a priori*, qui attendaient dans leur box de passer à la boucherie. Des bottes de paille traînent encore dans les enclos. Devant la porte, une balance à bestiaux semble

Urbex　　　　　　　　　　　　　　　　Site n° 3 ↓　　　　　　　　　　　　　　L'abattoir de la nausée

plantée dans le sol. Trop lourde pour être transportée ? C'est un des rares objets qui rappellent explicitement la fonction de ce lieu. Depuis son abandon, la porcherie est devenue le terrain de jeu d'amateurs de *paintball* et de tagueurs. En déambulant dans les allées détruites et les bâtiments délabrés, je me demande s'ils arriveront à colorier le destin funeste de ces lieux. •

Urbex · Site n° 4 · Le manoir du chat mort

The Blair Witch Project, un film d'horreur américain sorti en 1999, va m'inciter avec des copains à m'aventurer en pleine nuit dans ce château construit au milieu d'un parc. Notre but : vivre des émotions aussi intenses que celles du film dans lequel trois étudiants en cinéma disparaissent dans une forêt lors du tournage d'un documentaire sur la légende d'une sorcière. Lampes de poche et Caméscope en main, nous sommes prêts à défier nos peurs pour aller visiter ce château. Nous avançons dans le noir à travers ce parc qui nous paraît immense. La demeure se dessine au loin. Plus nous progressons vers le bâtiment, plus l'angoisse nous saisit. Nous sommes morts de trouille. Impossible de filmer quoi que ce soit, nous rentrons bredouilles.

Trois années plus tard, je décide d'y retourner seul et en plein jour. Je repère d'emblée une fenêtre ouverte qui me permet d'entrer très facilement dans la propriété. Je tombe littéralement sous le charme de ce château, que j'ai toujours appelé « manoir » du reste. Il s'en dégage une atmosphère de vieille maison hantée : toiture qui prend l'eau, murs décrépis, tentures tombant en lambeaux, vitres brisées… Je passe en revue les pièces spacieuses ; les volets sont tous fermés au rez-de-chaussée. Les salons, les chambres ont été vidés de leurs meubles, excepté quelques bricoles. Les volumes sont impressionnants. Si l'envie me prenait de crier, l'écho serait sans doute monstrueux. Mais impossible de me lâcher, car j'ai remarqué la présence d'un gardien dans une des ailes du

| Urbex | Site n° 4 ↓ | Le manoir du chat mort |

bâtiment. Je reste prudent, car je vais fatalement me retrouver au-dessus de ses appartements à un moment ou un autre.

_____ Un grand escalier aux boiseries chantournées donne une certaine élégance à la maison. Il est encore solide et je l'emprunte pour accéder aux étages supérieurs. Là encore, tout est vide. Je déambule nonchalamment, sans grand espoir de trouver une pépite. En poussant une porte, dans une chambre traversée par quelques rayons de lumière, je remarque une forme figée dans le sol. Je pointe ma torche et sursaute en voyant le corps en partie momifié d'un chat. Comment cet animal a-t-il pu mourir au milieu de cette pièce ? Sa vue me glace le sang. Nous sommes loin de la pépite que j'espérais.

Le manoir du chat mort

> **L'HISTOIRE** Avant d'être rachetés par la commune en 2002, le domaine de Montjean et son château construit au XIXe siècle ont traversé le temps et l'histoire sans trop d'encombres. Pendant la guerre 1914-1918, le manoir sera transformé en hôpital pour les soldats blessés sur le front. Bien plus tard, entre 1938 et 1942, ce manoir sera réhabilité pour accueillir le centre de formation des hôtesses d'Air France. Mais l'occupation allemande va changer sa vocation : il sera utilisé entre 1942 et 1945 comme *Kommandantur*. Ce domaine de 17 hectares est devenu un magnifique parc public classé « espace naturel sensible » pour la richesse de sa biodiversité.

> **ANECDOTE** Je suis sur le point d'explorer les combles. Ma vigilance est extrême, je suis certainement au-dessus de l'appartement du gardien. Le moindre faux pas pourrait mettre un terme à mon exploration et surtout m'attirer des ennuis. J'hésite, mais la curiosité est comme à chaque fois plus forte. La porte s'ouvre ! Sept ou huit gamins sortent en trombe. Je suis médusé. Les questions fusent sur ma présence sur leur terrain de jeu. Ils me demandent si je fais un film d'horreur. Je tente de les mettre en garde sur la présence du gardien et la dangerosité de la maison... Ils tournent les talons et dévalent les escaliers en courant. Le gardien doit être absent. Grâce à eux, je termine mon exploration tranquillement.

Et ce ne sont pas les quelques disques vinyles posés sur un carton qui me feront changer d'avis. Un opus de Julio Iglesias trône sur la pile. Je mets en boîte tout ce que je vois. Il me manque juste une vue d'ensemble du château. La présence du gardien m'obsède. À moins que j'y aille au culot ? Après tout, si je me fais prendre dans le parc, ce ne sera pas si grave. Me voici devant la façade dont les détails m'avaient échappé et pour cause ! Malgré un aspect un peu décrépi et une végétation envahissante, l'extérieur de cette grande maison bourgeoise a résisté au temps. Les façades sont percées de nombreuses fenêtres. Ouvertes, elles devaient illuminer l'intérieur de mille feux. ●

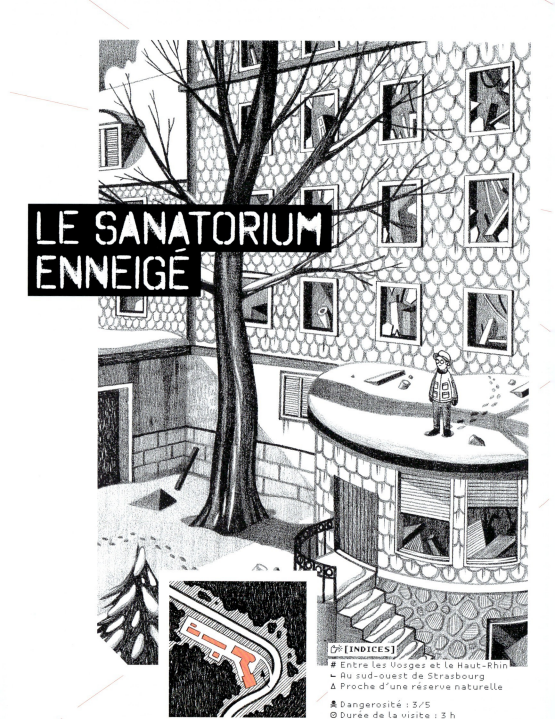

La météo indique un temps couvert. Peut-être de la pluie? Comment interpréter ces nuages lourds dans ce coin perdu des Vosges... Sur les photos que nous avons trouvées sur Internet, le bâtiment que nous rêvons de visiter domine une forêt de résineux, principalement des sapins. Le sanatorium, puisque c'était la fonction de cet établissement, émerge de la canopée. Ne sachant pas vraiment où nous nous rendons, nous comptons sur les indications du GPS de notre minivan de location. Nous avalons les kilomètres en direction de Munster, nom qui ne m'évoque, je dois le reconnaître, que celui d'un fromage au goût prononcé. L'itinéraire sur l'écran bifurque soudain vers la droite; nous laissons la départementale pour la route d'un col traversant la forêt vosgienne. Contrairement aux prévisions, le ciel est de plus en plus clair. Plus nous grimpons vers les sommets et plus les couleurs changent. Le paysage aux teintes brunes, vertes et grises se transforme en un décor de montagne couvert d'un manteau blanc. Même en plein mois de janvier, notre surprise est totale et notre joie immense! La barrière censée stopper les visiteurs à l'entrée du sanatorium est levée, nous ouvrant grand les portes de cette clinique d'un autre temps.

Urbex ↙ Site n° 5 Le sanatorium enneigé

Urbex — Site n° 5 ↓ — Le sanatorium enneigé

_____ Sauter de la voiture et entendre mes pas crisser sur ce tapis de neige vierge me transporte dans un autre monde. Celui de l'enfance, sans aucun doute ! Bien que nous soyons en groupe, je pars faire le tour du propriétaire en solitaire. J'ai besoin de m'imprégner de l'atmosphère du lieu, de laisser libre cours à mon imagination et à ma curiosité pour prendre les photos de mon choix, en toute tranquillité. Bizarrement, la présence de la neige modifie complètement ma façon d'explorer ce lieu abandonné. Je ne peux m'empêcher d'immortaliser la moindre stalactite tombant d'une branche, le moindre objet couvert de neige. Je redécouvre la magie de la montagne en hiver.

_____ Mes pas me guident vers un bâtiment où je découvre une piscine couverte. L'intérieur a été vandalisé. Une table de ping-pong trône au milieu du bassin. Une large baie vitrée ouvre sur un panorama unique : les montagnes enneigées que l'on peut aussi admirer depuis un belvédère. J'imagine les patients nageant face à ce décor époustouflant. Hormis la vue imprenable, tout a été détruit.

─────── Le temps de faire quelques clichés et je rejoins l'« hôpital », constitué de trois bâtiments mitoyens. J'apprendrai plus tard, en faisant quelques recherches, que ce sanatorium était un lieu de villégiature du début du XXe siècle. Et que le plus ancien des trois bâtiments servait d'hôtel de luxe. Sa façade blanche, tendance Art décoratif, sous la neige, est une merveille !

─────── Le silence qui règne sur place est impressionnant. Seules les branches pliées par le poids de la neige laissant choir des cristaux de glace et le chant de quelques oiseaux viennent rompre ma quiétude. Je pénètre par la grande porte et m'arrête aussitôt, stupéfait par le capharnaüm que je découvre à l'intérieur. Les derniers témoignages du sanatorium ont été piétinés, déchiquetés, arrachés, salis, bafoués… un désastre. Une poupée, une peluche, des boîtes d'archives, des documents en tous genres gisent sur le sol. Les gaines électriques ont été dépouillées de leurs fils de cuivre, les meubles brisés et les papiers peints arrachés. La vie des pensionnaires mise en miettes. Le bâtiment qui devait héberger le personnel soignant a subi les mêmes injures.

Urbex | Site n° 5 ↓ | Le sanatorium enneigé

> **L'HISTOIRE** Ne répondant plus aux normes, ce sanatorium dans la forêt vosgienne a été fermé il y a quelques années. Faute de gardien, les bâtiments ont été rapidement pillés et vandalisés. Pourtant, avant d'être transformé en centre médical pour soigner la tuberculose après la Première Guerre mondiale, cet établissement fut un hôtel de luxe qui, dès son ouverture à la fin du XIXe siècle, accueillit des personnalités illustres telles que des hommes politiques ou des souverains européens. Le tramway des crêtes qui partait de Munster y marquait un arrêt.

> **À NE PAS RATER** Un chemin se perd dans le bois entourant le sanatorium. Je marche quelques mètres au son des branches de sapins se délestant du poids de la neige et une vieille maison apparaît. C'est probablement la maison du directeur. À l'intérieur, tout est tellement décrépi que je me demande même si elle n'était pas abandonnée avant les autres bâtiments. L'ambiance est particulière : un escalier en piteux état, des radiateurs hors d'usage, un aspirateur datant des années 1960 donnent un peu le frisson. Je poursuis mon aventure et je tombe sur un tag « REDRUM », évocation du film *Shining*. Une autre inscription : « *We are going to dead* », malgré la faute de conjugaison, « *to dead* » au lieu de « *to die* », la maison me paraît de plus en plus flippante. Jack Nicholson hanterait-il le lieu ?

Une laverie, des ateliers, des bureaux… Je peux imaginer entre le centre des enfants, celui des adultes et les équipes d'encadrement, l'agitation qui devait régner dans cette ruche, une animation qui contraste violemment avec le silence qui l'enveloppe aujourd'hui.

_____ *La Montagne magique* de Thomas Mann devait ressembler à cet endroit. Seul devant ce paysage féerique, je range mon appareil photo pour m'imprégner de cet instant inoubliable. La lumière décline et devient bleutée, il me faut revenir sur mes pas. •

Urbex ↙ Site n° 6 Le domaine des trois colonnes

LE DOMAINE DES TROIS COLONNES

[INDICES]

\# Orangerie transformée en mairie
└ Autoroute A10
△ Lac artificiel

☠ Dangerosité : 4/5
⏱ Durée de la visite : 3 h

Urbex Site n° 6 ↓ Le domaine des trois colonnes

M on premier contact avec ce drôle de manoir a lieu lors d'un festival de mangas. Je dédicaçais une BD lorsqu'un des organisateurs qui connaissait mon goût pour les sites abandonnés me parla d'une propriété livrée à elle-même depuis cinquante ans au moins, au sud de Paris. Quelques échanges de mails et une localisation sur une carte plus tard, et me voici devant mon nouveau terrain de jeu.

Accompagné de mon indic' et d'un ami, nous nous garons près de l'église et rejoignons en toute discrétion le domaine à pied. Nous nous engouffrons dans un buisson, puis enjambons un fossé et enfin un grillage. Nous voici arrivés sur les lieux. Comme dans beaucoup d'endroits abandonnés de ce genre, la végétation, jusqu'alors confinée aux bordures et aux massifs taillés sur mesure, prend ses aises et déploie ses racines dans tous les recoins des bâtiments. Je découvre le premier des trois édifices à explorer sur place. Si la guerre n'était pas terminée depuis plusieurs décennies, nous aurions pu croire que la maison avait été bombardée. Tout y est détruit au point que les étages ne sont plus accessibles, même pour le meilleur grimpeur. Une désolation totale. Après avoir visité les écuries, nous arrivons au grand manoir par

Urbex ↙ Site n° 6 Le domaine des trois colonnes

un très joli cloître orné de voûtes et d'un bassin central au fond boueux. Le rez-de-chaussée donne un accès à l'aile des domestiques et aux cuisines. Même rouillé, nous imaginons facilement comment fonctionnait tout ce matériel. Des cuisinières à bois, un four... tout est d'époque, même la plaque en faïence sur laquelle est mentionné : « Tous les deux ou trois jours, ouvrir ce robinet et laissez couler l'eau quelques instants ». C'est un vrai site d'archéologie contemporaine. Toutes les machineries ont été conservées à la cave. Le système de chauffage devait être sophistiqué. Dans un coin plus sombre, nous butons sur des bouteilles dont certaines conservent encore des étiquettes.

Le domaine des trois colonnes

> **HISTOIRE** À l'origine, il y avait un château médiéval avec des communs. Le château fut démoli au début du XIXe siècle, mais les communs furent conservés. À quelques mètres, un petit château fut construit à la même époque. L'immense manoir d'inspiration normande est plus tardif. Il a été construit par un sénateur au début du XXe siècle à l'emplacement de l'ancien château médiéval. Élu dans un autre département, il le vendra à une famille bourgeoise d'origine juive. Pendant la Seconde Guerre mondiale, le grand manoir normand est occupé par le génie civil et militaire nazi. La famille juive sera déportée. Lorsque les Américains puis les Français reprennent le contrôle des lieux en 1944, le manoir n'est plus que l'ombre de lui-même. On le rend aux survivants du propriétaire qui ne restent guère dans ce domaine en si piteux état. Il sera par la suite racheté par un baron, puis par un riche entrepreneur, mais rien n'est fait pour entretenir ou rénover quoi que ce soit. C'est ainsi que pendant presque soixante ans, ce sublime édifice est laissé à la merci des éléments, des vandales, des récupérateurs et des tagueurs.

> **À NE PAS RATER**
Les salles de bains, toutes différentes. Chacune d'elles est décorée de mosaïques colorées. Sans oublier un lac artificiel au mileu duquel se trouve une île et trois mystérieuses colonnes.

_____ Encore une porte qui mène vers l'inconnu. Un passage secret ? Pas vraiment, mais un passage tout de même qui conduit aux écuries. Des tas de vieilleries sont entassés ainsi que des carcasses de voiture. Si la vie a été sereine dans cette maison, après soixante ans d'abandon, c'est le désastre. De couloir en couloir, de cave en cave, aucun secret ou objet insolite à se mettre sous la dent. Nous mesurons toutefois l'ampleur de cette propriété et du prestige qui a dû être le sien. •

> **ANECDOTE** Le jour où je suis revenu pour tourner une vidéo, alors que je me trouvais entre les communs et le petit château, j'ai senti une présence. En effet, à quelques mètres de moi, une biche paissait dans le jardin. Elle était gracieuse et dans ce silence, seuls les feuillages et les herbes hautes bougeaient sous l'effet du vent. J'ai cru à une apparition. Je n'ai pas eu le temps de sortir mon appareil photo que, en une fraction de seconde, elle avait déjà bondi dans les fourrés.

Aujourd'hui, l'exploration ne sera pas urbaine mais militaire. Un ami m'a indiqué l'accès à un ancien centre de recherches désaffecté depuis huit ou neuf ans. On y testait, entre autres, des lasers. À la lecture de ses indications, je comprends qu'il va falloir être vigilant pour pouvoir entrer sur le site. En attendant, je contacte plusieurs explorateurs, car je ne veux surtout pas m'y rendre seul. Finalement, nous serons cinq à prendre l'autoroute de Créteil.

Pour commencer, il faut entrer dans un cimetière jouxtant le site, puis longer une haie pendant quelques minutes. Le grillage est troué. Nous voici comme prévu sur le terrain d'une entreprise privée. Ensuite, et c'est là que cela se complique, nous devons courir sans être vus en direction du centre de recherches militaires. La grille blanche est ouverte, il suffit de la pousser pour entrer. Méthodiquement, chacun de nous se prête au jeu. L'opération est un vrai succès. Sur la gauche, il y a un gardien, alors nous partons à l'opposé. Nous serons plus tranquilles pour scruter les lieux. Le site est immense. Nous n'en attendons pas grand-chose, car les anciens sites militaires sont généralement vidés avant d'être désertés. Mais comme c'est la première fois que nous fréquentons ce genre de lieu, nous voulons en profiter.

C'est une vraie ville fantôme. Des bâtiments blancs de deux, trois ou quatre étages. Des stores jaunes ou rouges flottent encore aux fenêtres. À l'intérieur, il ne reste que des machines dont je ne comprends pas l'usage. Plus loin, un bâtiment d'un autre style sort du lot. Il s'agit de l'ancien fort militaire qui a conservé ses douves et un pont. Nous reprenons nos bonnes habitudes d'explorateurs urbains et en quelques minutes, nous voilà à l'entrée d'un souterrain. La porte, assez lourde à manœuvrer, grince fortement. Un escalier mène à un tunnel sombre. Trois d'entre nous allument des lampes de poche. Et c'est à tâtons que l'on avance dans la pénombre vers l'inconnu. Quand soudain, nous apercevons un drôle de truc suspendu à un fil. Je pointe ma torche et je découvre avec horreur la tête d'un animal pourrissant, les dents apparentes et les poils hirsutes. Quel accueil ! Mais surtout, qui a pu martyriser cet animal ? Pourquoi ? Un ami avance l'hypothèse de la culture d'asticots. Cela semble saugrenu. Les pompiers qui s'entraînent ici ? Impensable. Alors reste un rite d'une secte secrète ou une pratique vaudou ? Nous nous contentons de prendre quelques photos souvenirs et ressortons rapidement, pas très rassurés toutefois par la découverte de ce crâne suspendu. ●

Le crâne pourri

> **HISTOIRE** Ce site de 14 hectares a été construit sur un ancien fort militaire au début des années 1950. Le Commissariat à l'énergie atomique s'y installera au début des années 1990. Lui succédera la Direction des applications militaires. Depuis leur départ définitif à l'aube des années 2000, le site est en friche. Les pompiers de Paris devraient y créer un centre de formation et de logistique.

> **ANECDOTE** Pendant la balade, nous avons remarqué des plots jaunes et bleus fabriqués avec des pneus de voiture. À quoi servaient-ils ? La réponse viendra d'Internet : ce sont les restes d'accessoires du film *Go fast* dont quelques scènes ont été tournées sur place.

> **À NE PAS RATER** Tout le site, en fait. Car même si le lieu n'est pas architecturalement exceptionnel, du haut d'un des bâtiments de six étages, la vue est imprenable.

Urbex · Site n° 8 · La piscine et les grenouilles

LA PISCINE ET LES GRENOUILLES

[INDICES]

\# Station balnéaire des années 1930
∟ Premier centre de naturisme
Δ À l'ouest de Paris

☠ Dangerosité : 3/5
⊙ Durée de la visite : 1 h

Urbex Site n° 8 ↘ La piscine et les grenouilles

Des bâtiments des années 1930 construits sur la plage d'une île de la Seine, voilà ce que je retiens du message laissé dans ma boîte mail. Une île ? Je reconnais que j'ai du mal à m'imaginer l'endroit. C'est à une quarantaine de kilomètres à l'ouest de Paris, dans les Yvelines. Pour me faire une idée de la distance, je consulte Google Maps et je commence mes premières investigations. Ce n'est pas la banlieue de Paris que je connais le mieux, mais des îles sur la Seine, il ne doit pas y en avoir cinquante. Je suis avec ma souris le long ruban d'eau qui serpente depuis la capitale. Je survole les villes, passe les ponts… et au beau milieu du fleuve, une forme oblongue se dessine : l'île. Aucun pont ou passerelle n'enjambe le bras d'eau. Alors, comment vais-je pouvoir me rendre sur ce lopin de terre immergé ? L'île n'est pas ouverte à tous. Il faut être propriétaire d'un bungalow pour emprunter la navette fluviale reliant l'île au rivage. Par chance, le capitaine du bateau ne me pose aucune question lorsque je monte à bord, il semble plus intéressé par les deux filles également présentes. Ni vu ni connu, je suis content de débarquer sans m'être fait repérer. L'exploration peut commencer.

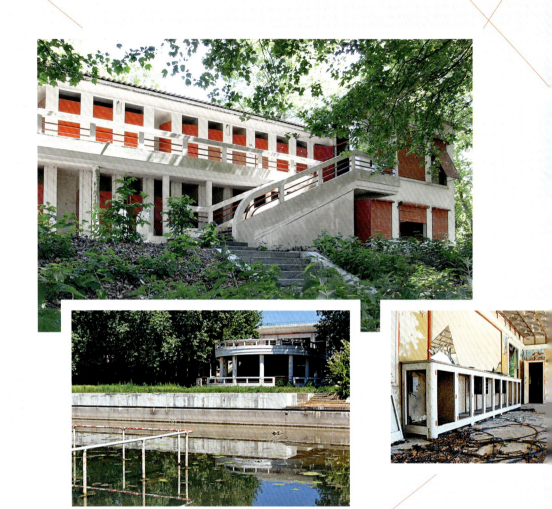

D'après mon plan, l'ancienne plage où je dois trouver une piscine et des installations sportives abandonnées est située au nord. Il me faudra cinq bonnes minutes de marche avant d'y arriver. Le silence qui règne dans cet endroit me frappe. Même si le site est isolé du reste de l'île, couverte de résidences secondaires, je suis troublé par la quiétude des lieux. J'entends juste le bruit de mes pas sur le gravier. J'aperçois enfin des morceaux de structures qui pourraient appartenir à ce que je cherche : un toboggan bleu se détache de la verdure environnante. Me voici à présent arrivé devant une façade immaculée animée de portes rouges. Un bâtiment de deux étages, longiligne, qui devait servir de cabines pour les vacanciers. Le style architectural rappelle les villas « paquebot » de Miami Beach ou les toiles d'Edward Hopper empreintes de solitude. Le bâtiment est assez intact. Pas trop de tags, juste quelques dégradations. Seul signe des temps, le délaissement de l'endroit ouvert à tous les vents. Je prends

Urbex   Site n° 8 ↓   La piscine et les grenouilles

> **L'HISTOIRE** Émile Zola achète un terrain sur cette île posée sur la Seine. Il s'y fait installer un « kiosque norvégien » acheté lors de la démolition de l'Exposition de 1878 qu'il fait transporter sur sa nouvelle propriété. « Le Paradou », nom qu'il donne à son chalet, est inauguré en 1880. Un célèbre ami peintre l'y rejoint régulièrement pour peindre des paysages de bord de Seine. Dans les années 1920, des médecins « hygiénistes », fondent un domaine où ils mettent en pratique un certain art de vivre où l'homme vit en harmonie avec la nature et développe son corps avec des activités sportives. Le premier centre naturiste est né. Des courts de tennis, un mini-golf et une piscine vont agrandir cette base de loisirs qui accueillera jusqu'à plusieurs milliers de vacanciers bénéficiant depuis 1936 des congés payés. Au fil du temps, l'île se développe et se transforme en havre de paix pour les Parisiens en quête de nature. Depuis une dizaine d'années, la piscine et la plage les plus prisées en bordure de Seine sont laissées à l'abandon.

> **ANECDOTE** Je suis devant ma télévision. Je n'ai pas choisi de programme particulier. Je zappe d'une chaîne à l'autre. Sur France 3, un film documentaire intitulé *Été 1936, les premières vacances des Français* attire mon attention. Des images d'archives en noir et blanc datant des années 1930 montrent le parc aquatique de l'île sur la Seine, que j'ai exploré un mois auparavant. Ce site que j'ai découvert vide et délabré s'anime sur mon écran. La piscine est pleine, des gens jouent et nagent dans les bassins. J'ai l'impression de remonter le temps et de plonger par procuration dans l'ambiance de cet endroit joyeux où les familles se retrouvaient le temps d'un week-end.

plaisir à rejoindre la terrasse par cet escalier en accent circonflexe. De la rambarde, on surplombe ce qui devait être la plage et, juste en face, la piscine et son toboggan aquatique en spirale. Les structures en béton bleu supportant les anciens plongeoirs, les rampes d'escaliers n'ont pas bougé. Quand on s'approche du bassin, des coassements fendent le silence. Dans les eaux stagnantes remplissant le fond, une colonie de grenouilles et de crapauds semble couler des jours heureux. L'eau de pluie accumulée au fil des orages a redonné vie à toute une biodiversité aquatique qui s'épanouit à l'abri des plongeurs. Ici, la nature a repris ses droits, et le fait entendre. ●

ci, tout est ouvert, pas de problème pour entrer. Nous pouvons même garer notre voiture à l'intérieur du site. Cet ancien hôpital se visite presque comme une ville-musée. Soixante hectares et plus de quatre-vingts bâtiments destinés à accueillir plusieurs milliers de malades psychiatriques. Et si 80 % du site sont laissés en friche pour le moment, quelques services fonctionnent toujours. La zone où nous nous trouvons est située le plus loin possible du poste de gardiennage ; des panneaux indicateurs permettent de nous orienter dans le dédale des rues. La flèche de droite pointe le local technique. L'endroit paraît séduisant. Il y aura sans doute des machines encore sur place, des plans des bâtiments, et peut-être quelques surprises ! Les pavillons bordant les rues ont tous été construits de plain-pied. Nous vérifions au passage s'ils sont ouverts, malheureusement les portes sont closes.

_____ Le local technique, plus imposant, est accessible. Et comme attendu, de grosses turbines occupent la majeure partie de la pièce. Un de mes amis découvre plusieurs trousseaux de clés. Le plus volumineux est étiqueté « passe-partout ». Difficile de croire à une telle aubaine. Les portes des pavillons vont s'ouvrir comme par magie. Nous commençons par tester la fermeture du local.

Ça fonctionne ! Aussi, nous décidons de nous enfermer à l'intérieur pour prendre des photos sans risquer d'être dérangés. Nous nous dispersons pour visiter les locaux mitoyens. Dans une des salles vides, une poupée de chiffon a été accrochée au plafonnier et donne l'impression de s'être pendue elle-même. Qui a installé cette poupée ici ?

_____ Le trousseau de clés en poche, nous démarrons l'exploration des autres pavillons. Un simple tour dans la serrure et la magie opère. Le premier bâtiment que nous visitons semble assez vide. Des sapins poussent au hasard dans la cour et lui donnent un charme inattendu. Le vent agite les branches qui cognent contre les vitres. Nous empruntons un long couloir, silencieux, menant dans une autre aile. Hormis un piano droit en assez bon état, des prospectus et une étrange radiographie de main, tout est désert. Même ambiance

> **L'HISTOIRE** Cet établissement psychiatrique ouvert en 1900 accueillera jusqu'à trois mille deux cents malades. Un parc de 60 hectares, un potager, une serre, un château d'eau et une centaine de pavillons feront de cet hôpital un des plus grands jamais construits en région parisienne. Depuis sa fermeture partielle, les services ont été réorganisés dans les hôpitaux de la capitale.

> **ANECDOTE** Ses pavillons du siècle dernier, son parc arboré et la possibilité de travestir certains pavillons en salle de classe, bureaux ou cellules ont séduit la production d'une série française. C'est en visionnant certains épisodes qu'une amie a repéré le site et m'en a parlé. Impossible d'aller sur la partie réservée au tournage, mais tout le reste est accessible.

dans les autres pavillons, à l'exception d'un bâtiment ancien qui servait de salle de sport où des espaliers sont toujours accrochés au mur, comme les miroirs de la salle de danse. Dans le jardin, une ambulance stationnée reste figée au milieu des herbes hautes.

_____ Pour changer d'atmosphère, nous cherchons la cave. Dans les hôpitaux, c'est toujours là que l'on trouve des informations particulières. Pour le personnel, c'est l'endroit sûr où personne ne viendra fouiner. C'est mal nous connaître. Nous tournons un peu dans l'hôpital et nous finissons par trouver les archives espérées. Des dossiers, des tonnes de dossiers sur les patients aux pathologies difficiles et une forte odeur de papier en décomposition nous refroidissent un peu. Des raquettes de tennis, un jeu de boules de pétanque… et sur une table, une boîte de Malabar au goût cola… datant des années 1970 ! •

Urbex · Site n° 9 · La poupée suspendue

Urbex · Site n° 9 ↓ · La poupée suspendue

U n studio de cinéma. C'est l'impression que me donne cet alignement de maisons hétéroclites. Des maisonnettes, couleur saumon, ocre, jaune aux toits de tuiles faisant face à deux spacieuses maisons bourgeoises à crépi beige. La *Main Street* des films américains ! Je savais par la personne ayant échangé ce lieu contre une de mes trouvailles que je n'allais pas être déçu, et en effet, je plonge d'emblée dans une atmosphère jusque-là inédite. Ma curiosité est en éveil et j'ai hâte de découvrir ce qui se cache à l'intérieur de ce décor de carton-pâte. Je dois rester très discret. Le portail du domaine donne sur la rue et sans ce trou assez grand dans le grillage, je n'aurais sans doute pas pu entrer aussi facilement. Une fois à l'intérieur, je me sens un peu plus à l'abri mais mieux vaut rester sur ses gardes. Par où commencer ? Le domaine est vaste et les maisons nombreuses. J'opte pour l'ambiance « cinéma ».

_____ Une demi-douzaine de bâtiments dans lesquels je rentre et je sors assez rapidement. Les lieux sont vides. Les installations électriques ont été démontées. Plus aucun meuble, même pas une chaise.

Les seules curiosités sont les murs peints de couleurs criardes, la rampe d'un escalier en spirale et surtout ces cartouches où figurent quelques mots : « L'azur, la contemplation » ou « Le bleu du ciel ». Je comprends en déambulant dans ces grands espaces plantés de colonnes que certaines pièces servaient pour des expositions.

 De l'autre côté de la rue gravillonnée, c'est le château. J'ai du mal à mettre une date sur le style architectural. Apparemment, le bâtiment a subi quelques transformations, mais tout porte à croire qu'il a été construit au XIXe siècle à la mode néoclassique.

_____ « Gloire et Nuit », « Au-dessus du ciel », les vers courent sur les parois et guident mes pas. Des graffs prennent le relais et envahissent les murs. Autour, tout est vandalisé. Je préfère sortir dans le parc. J'ai repéré en arrivant une troisième zone, le bunker. Celui-ci n'est pas enterré, mais couvert par une végétation épaisse.

Urbex — Site n° 10 ↴ — La source de l'art

> **HISTOIRE** Pendant cent vingt-huit ans, la famille Mallet-Oberkampf est propriétaire du domaine et le transforme en château. L'aménagement du parc se fait au début du XIXe siècle, sous la houlette d'un riche Écossais. Dans les années 1920, le domaine est vendu et devient une école privée anglo-saxonne. Un écrivain français nobélisé en sera un des élèves. Pendant la dernière guerre, l'aviation allemande y avait construit un bunker. En 1944, elle incendie le château avant son départ. Dans les années 1980-1990, ce domaine accueillit une prestigieuse fondation d'art contemporain avant d'être abandonné.

> **À NE PAS RATER** Les sculptures monumentales d'artistes dont un empilement de cinquante-neuf carcasses de voitures scellées les unes aux autres dans mille six cents tonnes de béton. Ces œuvres atteignent près de vingt mètres de hauteur. Impossible de les manquer.

_____ Ce blockhaus a été construit par les Allemands pendant la dernière guerre. Malgré sa tenue de camouflage, je débusque l'entrée. À l'intérieur, tout a été réaménagé pour en faire un lieu d'exposition. Il n'y a quasiment pas de lumière naturelle. Les tagueurs ont trouvé un magnifique terrain de jeu, à l'abri des regards. Je ne m'éternise pas. Il fait un peu trop sombre pour moi.

_____ De retour dans le parc, je suis confronté à une masse métallique d'au moins dix mètres de hauteur. Installée parmi les arbres, cette installation n'est autre qu'une sculpture d'artiste. L'œuvre monumentale a été inaugurée en grande pompe à la fin des années 1990 comme j'ai pu le découvrir sur une vidéo en ligne par la suite. J'aimerais pouvoir l'escalader, la vue doit être superbe de là-haut… ●

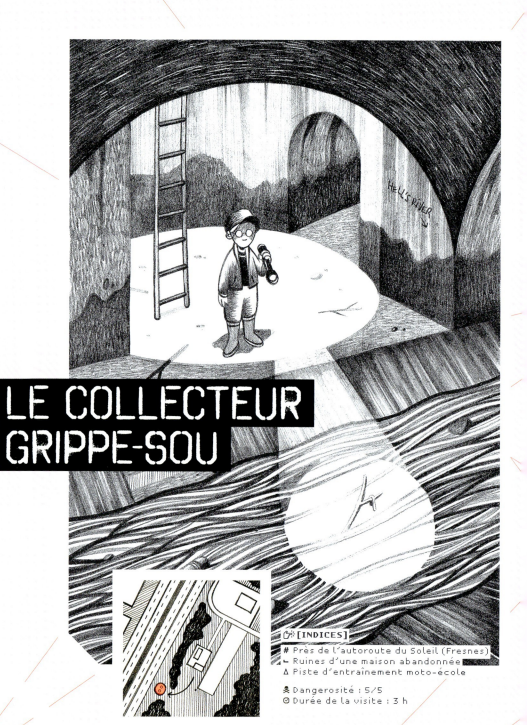

Urbex Site n° 11 ↘ Le collecteur Grippe-Sou

Visiter des lieux abandonnés donne souvent le frisson. En 1994, je suis adolescent, ma passion pour l'exploration de lieux insolites est déjà vive. Les premières sorties se font près de chez moi. Généralement à pied comme cet après-midi où, avec un copain, nous décidons d'aller fureter autour d'une vieille maison. À peine arrivés sur les lieux, un homme se dirige vers nous d'un pas décidé. Il a l'air vraiment en colère. Pris de panique, nous prenons nos jambes à notre cou et détalons comme des lapins. Nous butons contre une barrière qui délimite la propriété. Elle n'est pas trop haute, nous l'escaladons pour nous échapper encore plus loin. Essoufflés, ne sachant si cet homme nous poursuit encore, nous nous retrouvons face à l'autoroute.

J'ai les jambes en coton. Impossible de fuir plus loin ! Seule une plaque d'égout entrouverte attire notre attention. Sans réfléchir, nous nous glissons à l'intérieur. Si notre poursuivant est toujours à l'affût, il doit se demander comment nous avons pu nous volatiliser. Nous nous décidons finalement à quitter ce refuge. Avant de partir, nous jetons

un œil sous nos pieds : le spectacle est vertigineux. Pourquoi cet endroit ne serait-il pas l'objet d'une de nos prochaines expéditions ? Cette bouche d'égout ne relâche aucun effluve nauséabond et l'intérieur semble assez sain. Pour aller plus loin, il faudra revenir avec des torches et un peu d'équipement.

_____ Une semaine plus tard, nous sommes de retour. La plaque n'a pas été scellée mais elle est lourde à déplacer. Pour descendre le long de ce conduit, il ne faut pas être claustrophobe ni avoir peur de l'inconnu. Qui sait ce qui nous attend dans ces sous-sols ? Nous pourrions être pris dans un torrent et mourir noyés. Peut-être n'y a-t-il aucune issue au bout du tunnel ? Nous trouvons malgré tout la curiosité et la force nécessaire pour déplacer cette plaque de fonte et disparaître dessous.

_____ Une échelle facilite notre descente vertigineuse dans cette canalisation en béton. À la lumière de nos torches, nous découvrons un enchevêtrement de couloirs voûtés, admirablement maçonnés, et des canaux où l'eau serpente entre les murs. Nous nous fabriquons des bottes

Urbex   Site n° 11 ↓   Le collecteur Grippe-Sou

> **L'HISTOIRE** À partir du XVIIIe siècle, une quantité de petites entreprises s'installent sur les rives de la Bièvre. Les eaux usées qui se déversent dans la rivière dégagent une odeur pestilentielle, au grand désarroi des communes environnantes. Pour remédier à ces nuisances, une partie de la Bièvre va être canalisée et couverte entre Antony et Paris. L'eau est récupérée dans d'immenses collecteurs tel celui de Grippe-Sou. C'est seulement depuis peu que des citoyens militent pour la réhabilitation de la rivière. Leur objectif : faire que la Bièvre soit de nouveau visible.

> **ANECDOTE** Grippe-Sou, c'est le monstre du roman de Stephen King *Ça*. Un livre d'horreur où sept adolescents sont en prise avec une entité maléfique qui prend l'apparence d'un clown. Son repaire : les égouts. Adaptée au cinéma, cette histoire m'avait à la fois fasciné et traumatisé. Si bien que lorsque je me suis planqué dans le collecteur, j'ai tout de suite pensé à ce personnage. Quelques années après mon exploration, j'ai demandé à une de mes amies qui savait tricoter de réaliser ce clown en crochet pour jouer un *remake* à ma façon dans le collecteur, rebaptisé Grippe-Sou pour la circonstance.

de fortune à l'aide de sacs en plastique. Nos pas et nos voix résonnent dans cet espace vide. Je dessine un plan, qui nous aidera à retrouver notre chemin en cas d'urgence. Des escaliers taillés dans le béton mènent vers les étages supérieurs. Nous entendons l'eau couler avec force, comme si un torrent puissant se jetait dans les conduits. Je pense à la noyade… mais l'envie d'en découvrir davantage sur cet endroit est plus forte. Nous continuons de monter ces marches en prêtant une oreille attentive au bruit de l'eau qui dévale une pente dans le conduit d'à côté. Où mène ce labyrinthe ? Au bout d'une longue marche, un nouveau tunnel nous conduit vers le collecteur principal. Le sol est glissant et le courant violent. Si l'un de nous tombe dans l'eau, je ne donne pas cher de sa peau. Il est temps de rebrousser chemin et de regagner la surface. •

Urbex　　　　　　　　　　↙ Site n° 12　　　　　　　　　Le manoir à la lanterne

LE MANOIR À LA LANTERNE

[INDICES]
En Seine-et-Marne
└ Zone pavillonnaire
△ À proximité de la Francilienne

☠ Dangerosité : 5/5
⏱ Durée de la visite : 1 h

Un joyau d'architecture. Ce château néoclassique imitant le style Louis XV devait attirer tous les regards du temps où il était encore habité. Il suffit de regarder la façade pour s'en apercevoir. Un pavillon central encadré par deux pavillons symétriques ornés de fenêtres aux pourtours sculptés, le tout surmonté d'une magnifique verrière. Ce premier coup d'œil, plutôt flatteur, ne reflète malheureusement plus la réalité. Si la visite de manoirs oubliés et livrés aux affres du temps peut émouvoir, l'état de décomposition du manoir à la lanterne m'attriste et je ne comprends toujours pas comment un tel bijou architectural peut être laissé à l'abandon.

L'exploration s'annonce difficile. Le mur que nous devons escalader donne sur une rue et la moindre voiture qui passe représente donc un risque. De plus, le quartier où se situe le château est une zone dite de « voisins vigilants ». Cela sous-entend qu'au moindre bruit, la police sera prévenue de la présence d'intrus. Même à l'intérieur, nous allons devoir être vraiment prudents car plusieurs maisons de la zone pavillonnaire sont mitoyennes du château. Après tous ces efforts, lorsque je me rends compte de l'état de décrépitude de la maison, je suis abasourdi. Pourquoi aujourd'hui ? Pourquoi dans cette maison ? Sans doute à cause de tous les vestiges qui subsistent à l'intérieur.

Urbex ↙ Site n° 12 Le manoir à la lanterne

Le manoir à la lanterne

> **L'HISTOIRE** De style Louis XV, le château a été construit au XIXe siècle et devint une résidence d'été bourgeoise.

> **ANECDOTE** Des cahiers d'écoliers sur lesquels figure un nom. J'en déduis que cette personne devait vivre dans cette maison. Faisant une rapide recherche avec mon téléphone, j'apprends que la jeune femme a créé une association de soutien scolaire, qui *a priori* se tenait dans le manoir.

> **À NE PAS RATER** Le piano noir, trois-quart-de-queue coincé sous l'escalier datant très certainement de la fin du XIXe siècle. Couvert de poussière et très abîmé, il sort toujours des notes, fausses évidemment.

Habituellement, les maisons de ce genre ont été vidées après un départ ou pillées par des personnes malveillantes. Des objets sont délaissés pour notre plus grand bonheur ; mais au manoir à la lanterne, l'ambiance du lieu raconte un tout autre scénario.

_____ Les pièces que nous visitons les unes après les autres sont en grande partie détruites. Les plafonds et les planchers sont défoncés, les parois et les vitres brisées, les tapisseries arrachées. Un des spectacles les plus tristes que j'ai pu voir lors de mes explorations. Mais dans le même temps, étrangement, certaines pièces ont conservé tout leur ameublement. Les tentures pendues aux fenêtres, une table de billard, un fauteuil de style, un coffre-fort, une sculpture représentant un jeune homme, les stucs décorant les linteaux de portes et un magnifique piano à queue. Aucun tag ou graff ne figure nulle part, sauf une ou deux croix gammées dessinées à l'envers. Cela me fait doucement sourire. Les propriétaires sont peut-être partis à la hâte. Les objets auraient-ils mieux résisté au temps que la maison ? Les questions se bousculent. À la cave, un cadavre de chat nous accueille. Un peu glauque ! Des cassettes VHS, des Lego, plus loin un flippeur et d'autres babioles ne nous apporteront pas plus d'indices sur les derniers locataires de ce château. Je refais un tour dans le jardin pour admirer ce bel ouvrage. La verrière effondrée m'impressionne. Malgré les décombres, je m'y aventure. Tout est brisé, à l'exception d'une jolie lanterne toujours fixée au toit. •

Pour peu que les vigiles soient en pause café, il est très facile d'entrer dans ce lieu inattendu. Toutefois, sans les indications de mon contact pour emprunter le bon chemin, je n'y serais sans doute jamais arrivé. Le bâtiment à visiter fait partie d'un complexe hospitalier partiellement désaffecté. Un plan griffonné sur un bout de papier devrait suffire pour me repérer dans ce dédale de bâtiments. Je sens que l'expérience va être très particulière. Des hôpitaux abandonnés, je n'en ai jamais exploré à l'époque de cette visite. Que peut-il rester à l'intérieur ? Je m'attends à parcourir des kilomètres de couloirs lugubres et vides, à respirer des effluves de chloroforme et de désinfectants, à voir traîner des blouses blanches, des stéthoscopes... enfin, tout ce que l'imagination peut créer lorsque la curiosité est à son comble. Il ne nous reste plus qu'à visiter l'hôpital et à suivre les consignes...

_____ « Tu passes devant plusieurs bâtiments et lorsque tu verras la chaufferie avec une cheminée en briques rouges, tu vas tomber sur le bâtiment abandonné. » Le rez-de-chaussée est muré. Mais une palette adossée au mur permet de grimper sur le toit d'une ancienne crèche ou d'un service pour enfants. C'est du moins ce que la décoration intérieure me laisse supposer.
La voie est libre. Ce passage est celui qu'empruntent tous les visiteurs qui

squattent ces lieux désertés pour taguer ou se procurer des sensations fortes. Il n'y a plus grand-chose à voir, tout est vandalisé. Très vite, avec mon ami, nous tombons sur un escalier en parfait état. Bonne nouvelle, il ne sera plus nécessaire de faire de l'escalade. Un premier couloir interminable, très lumineux, est jonché de matériel : chaises roulantes, téléphone, documents, photos, jouets. Je crois deviner que nous sommes dans une maternité. Tout est très silencieux alors que la ville s'agite derrière les fenêtres, nous sommes comme hors du temps. Une porte claque. Un vigile ? Non, un simple courant d'air qui nous ramène sèchement à la réalité. Restons attentifs ! Les étages ne sont pas attrayants, même si des vestiges de cette ancienne maternité subsistent. Direction le sous-sol où peut-être découvrirons-nous des choses plus intéressantes. L'accès est très sombre. Une partie est fermée avec des parpaings. Des tonnes de documents, médicaments, radiographies, etc., sont éparpillés sur le sol. Nous explorons chaque recoin dans l'espoir de trouver un autre passage conduisant vers un autre bâtiment. Dans ces vieilles bâtisses, les souterrains de communication sont fréquents.

Urbex | Site n° 13 ↓ | L'hôpital des trois oursons

Urbex ↙ Site n° 13 L'hôpital des trois oursons

Urbex | Site n° 13 ↓ | L'hôpital des trois oursons

> **ANECDOTE** Lorsqu'un lieu est abandonné, il est souvent vidé surtout lorsqu'il contient des documents confidentiels. Dans la salle des archives, des centaines de classeurs remplissent les étagères ou bien sont éparpillés au sol. L'ami qui m'accompagne dans mon périple me confie qu'il est né dans cet hôpital. J'attrape le classeur 1985 correspondant à son année de naissance et quelle n'est pas notre surprise de tomber sur sa fiche de naissance. Tous les détails d'accouchement de sa mère, son état de santé… tout y est. Je sens un léger malaise. « Une partie de ma vie traîne dans un couloir abandonné », il y a de quoi s'émouvoir !

> **À NE PAS RATER** Dans une aile du bâtiment, les infiltrations d'eau ont permis à des mousses vertes de se répandre sur le sol de plusieurs pièces. Une couleur intense contrastant avec le rose et le cyan des chambres, tout en donnant une nouvelle décoration naturelle très graphique.

Nous avions raison ! Un couloir permettant d'accéder à une autre salle est complètement dégagé. Nous débarquons dans la salle des archives, bâtie plusieurs mètres sous terre. Nous regardons les premiers cartons : des dossiers confidentiels sont classés dans des boîtes. Accouchements difficiles, IVG… nous avons mis la main sur des informations très sensibles. Mais que font-elles encore dans ce tunnel ? Nous sommes assez surpris que ces dossiers personnels soient à la portée de n'importe quel visiteur, même si notre présence n'est pas vraiment autorisée. Plus loin dans ce couloir, une porte dérobée mène à un endroit encore plus étrange : la morgue des nouveau-nés. Des échantillons de sang, des morceaux de cervelle dans des boîtes n'ont pas bougé des étagères… •

Urbex ↙ Site n° 14 Le château de Marguerite

LE CHÂTEAU DE MARGUERITE

[INDICES]

\# Hippodrome à l'ouest de Paris
⌐ Proche d'un hôpital
∆ Pont de Saint-Cloud

☠ Dangerosité : 2/5
⊙ Durée de la visite : 2 h

Urbex · Site n° 14 ↓ · Le château de Marguerite

Il y a des informations qui ne passent pas inaperçues pour peu qu'on y trouve un intérêt particulier. En 2001, je suis devant mon poste de télé avec un ami. Un sujet de quelques minutes est présenté sur l'histoire d'un château abandonné à proximité de Paris. Rachetée par un émir, explique-t-on, la propriété est laissée à l'abandon malgré les tentatives de la mairie pour acquérir ce patrimoine ayant appartenu à une famille prestigieuse. En vain ! Pour nous, amateurs d'endroits désertés, c'est plutôt une bonne nouvelle. Et quelques jours plus tard, nous arrivons *in situ* pour découvrir ce lieu dont on parle au journal de 20 heures.

_____ Si le parc est aujourd'hui ouvert au public, le château est quant à lui inaccessible. Une grille rouillée, assez haute, isole le bâtiment du reste de la propriété. Nous choisissons d'en faire le tour pour décider de la façon dont nous allons procéder pour pénétrer dans la maison. Escalader ? Trop risqué. Le sommet des grilles est pointu et cela va prendre du temps. L'endroit est connu et forcément surveillé. Pas question de se retrouver au poste de police. Pendant que nous évaluons les risques, nous nous apercevons que des barreaux manquent aux grilles. C'est notre jour de chance ?

_____ Nous nous faufilons tels des passe-murailles à travers les barreaux. C'est l'automne, le sol est jonché de feuilles multicolores. La façade du château semble émerger d'une végétation indomptable. Les signes d'abandon sont perceptibles au premier coup d'œil. Mais nous prenons plaisir à admirer cette

résidence construite pour ressembler aux dépendances du château de Versailles. Le style XVIIe siècle est présent à tous les étages : escaliers doubles en pierre donnant sur le parc, fenêtres hautes, sculptures baroques, toit d'ardoise à pans coupés animés d'ouvertures en œil-de-bœuf bordées d'un parapet en pierre. Il ne reste plus grand-chose des balcons en fer forgé et des fenêtres qui, depuis, ont été murées par la municipalité. L'entrée principale, monumentale, a gardé ses huit colonnes de marbre rouges surmontées d'une loggia en saillie. On peut imaginer le faste et la magnificence de cette demeure ayant appartenu à la famille de Rothschild avant qu'elle ne soit contrainte de quitter la France pendant l'occupation allemande. Les œuvres d'art, dont des tableaux de maître et des meubles de valeur, seront pillées par les nazis, raconte l'histoire. Espérons que certains vestiges soient encore visibles ! Mais les parpaings qui obstruent les ouvertures et les nombreux tags couvrant les murs ne laissent rien présager de bon. En effet, dès que l'on pose un pied à l'intérieur, c'est un vrai désastre. Tout ou presque a été vandalisé. Les toitures sont effondrées, les parquets et les boiseries vermoulus. La visite s'annonce complexe.

_____ Pourtant, malgré ce ravage, le volume des pièces, les derniers stucs accrochés aux plafonds, un poêle de faïence oublié, un ou deux meubles renversés témoignent de la réelle existence de ce lieu avant son abandon il y a plus de cinquante ans. Nous arrivons malgré tout au dernier étage, beaucoup plus lumineux. La vue sur le parc est superbe. On y voit, outre un joli pont japonisant et des bassins comme à Versailles, deux dépendances dans le même style que le château. La maison des gardiens ou de quelque personnel, peut-être ? En redescendant, nous remarquons un monte-charge. *A priori*, il dessert un sous-sol ou une cave où nous nous

empressons de nous rendre. Un long souterrain aux murs carrelés relie le château aux deux petites maisons que l'on apercevait de là-haut. Des tags d'inspiration « satanique » couvrent les murs. Nous savions que des fêtes étaient organisées clandestinement mais, des cérémonies de ce genre, pas vraiment. Lorsque nous approchons de la chambre froide, un « salut mec ! » retentit. Notre sang ne fait qu'un tour et sans réfléchir, nous détalons la peur au ventre.

> **L'HISTOIRE** L'histoire de ce château débute véritablement en 1817, lorsque James de Rothschild en devient l'acquéreur. Entre 1855 et 1861, le banquier décide de le reconstruire en style Louis XIV et d'agrémenter le parc de 30 hectares de jardins à la française et à l'anglaise. Le baron et la baronne y reçoivent tout le gratin de la société et des artistes tels Chopin, Debussy ou Rossini. Sous l'occupation, la famille de Rothschild rejoint l'Angleterre. Le château est pillé par les nazis, puis saccagé en 1945 par l'armée américaine au cours de manœuvres militaires. Edmond de Rothschild le cède pour un franc symbolique à la mairie de Boulogne. Il sera rapidement revendu à un cheikh saoudien contre plusieurs dizaines de millions d'euros. Laissé à l'abandon par le nouveau propriétaire, le château dépérit. Deux incendies en 1993 puis en 2003 vont sérieusement l'endommager. Faute de travaux, le château est muré en 2004.

> **ANECDOTE** Marguerite Duras tourne son film *India Song* en 1974. L'histoire se déroule dans les années 1930 en Inde britannique lors d'une soirée à l'ambassade de France à Calcutta. Pour filmer les plans extérieurs, Marguerite Duras ne posera pas ses caméras en Asie mais à Boulogne-Billancourt, au château Rothschild. La réalisatrice réinvente à quelques kilomètres de Paris, cette ambiance étouffante des soirées moites de l'Asie. Ses personnages descendent l'escalier d'apparat du château ouvrant sur le parc avec en arrière-plan la façade déjà délabrée évoquant le faste passé de la demeure. Un décor qui servira pour un second film de Marguerite Duras, *Son nom de Venise dans Calcutta désert*.

Essoufflés, nous réalisons qu'un simple SDF avait trouvé la planque idéale pour dormir au chaud sans être dérangé… enfin, presque… •

Urbex   Site n° 15 ↓   Le cimetière des oubliés

Au cours de mes pérégrinations, ce cimetière est sans aucun doute le lieu le plus accessible qui m'ait été permis de visiter, mais il est aussi celui qui m'a le plus marqué. Cela faisait longtemps qu'un ami me parlait de cet endroit étonnant. À l'occasion d'un séjour chez lui, ce fut l'opportunité de visiter ce lieu situé à cinq minutes à pied. Je ne savais pas trop à quoi m'attendre, c'était la première fois que j'explorais un cimetière. Qu'allais-je découvrir d'insolite ? Une enfilade de tombes, peut-être éventrées ? Des épitaphes particulières ? Des ossements ? Mon ami et moi avions prévu de faire la visite en pleine journée, inutile donc de fantasmer sur un *Thriller* à la Michael Jackson où les morts sortiraient de leurs tombes au milieu de la nuit.

_____ Nous arrivons devant le cimetière communal et circulons au milieu des sépultures ornées de géraniums et d'azalées finissant leur vie sur le marbre des pierres tombales. Tout cela n'a rien de bien original. Mon ami sourit en me voyant observer d'un air dubitatif ces blocs de marbre polis. Nous arrivons enfin devant un passage percé dans un mur mitoyen du cimetière. Et là, je bascule dans un autre monde ! Des centaines de croix en fer, toutes identiques, couleur rouille, posées sur un socle en béton, sans pierre tombale,

couvrent le terrain. Je reste sans voix ! J'ose à peine pénétrer dans ce lieu plus que mystérieux. Mon ami a vraiment réussi à me surprendre. Je l'interroge du regard et il se décide enfin à m'en dire davantage sur ce cimetière, communément appelé le « cimetière des fous » ou bien le « cimetière des oubliés ». Quasiment aucun nom ne figure sur les croix des neuf cents sépultures alignées dans cet enclos. Juste quelques mentions assez vagues, du genre « X Inconnu 1978 » ou « A. C. » pour « Ancien Combattant », sans que l'année de naissance ou de décès n'apparaisse. Tous ces inconnus, rangés les uns à côté des autres, étaient internés dans l'asile psychiatrique de Cadillac. Depuis 1808, date de son ouverture, les pensionnaires,

des « aliénés » comme on les nommait, finissaient leurs jours dans l'établissement et étaient enterrés dans le cimetière attenant à l'hôpital, en toute discrétion visiblement. Nous parcourons ces allées de croix qui me font penser à ces immenses cimetières militaires américains plantés de croix blanches. Ici, les croix sont noires, marquées par le temps et la rouille.

On me parle aussi de cette prison de femmes, gérée, tout comme l'asile, par la congrégation des sœurs de la Sagesse à partir de 1835. Il y aurait donc également des femmes condamnées dans ces caveaux de fortune. Que font-elles parmi les « fous » ? Mouraient-elles seules ? Tous ces morts n'avaient-ils pas de famille ? Beaucoup de

Le cimetière des oubliés

> **L'HISTOIRE** Un asile d'aliénés et une prison pour femmes sont ouverts près de Bordeaux au début des années 1830. Ces deux établissements, carcéral et médical, gérés par la congrégation des sœurs de la Sagesse, vont être réunis pour former une unité hospitalière spécialement aménagée. Les décès sont fréquents et si au départ les corps sont inhumés dans le cimetière communal, très vite, par manque de place, l'hôpital va acheter le terrain voisin pour y enterrer ses pensionnaires. Des tombes fleurissent, mais également des fosses communes où l'on retrouve encore jetés pêle-mêle des sacs d'ossements. Un espace est réservé aux anciens combattants mutilés de la guerre 1914-1918 : quatre-vingt-dix-huit tombes dont la plupart des épitaphes ont été arrachées, laissant les défunts dans le plus complet anonymat. L'hôpital, toujours en activité, a continué à utiliser ce cimetière. L'inhumation la plus récente date de l'an 2000. Des promoteurs ont souhaité racheter ce terrain situé en centre-ville pour en faire un parking, mais des riverains attachés à leur patrimoine se sont opposés à sa destruction. Ils ont finalement obtenu que le site soit inscrit aux monuments historiques.

questions restent sans réponse. Au détour d'une allée, plongé dans mes réflexions, je tombe sur un os, un vrai, un fémur semble-t-il… Je ne peux m'empêcher de reculer. Les aliénés et autres enfermés étaient enterrés en pleine terre : il n'est pas rare, après de fortes pluies, que les ossements remontent à la surface m'explique mon ami. On peut voir de temps en temps des crânes, et d'autres parties de squelettes. La balade anodine s'est métamorphosée en un film un peu *gore*. Surtout lorsque l'on aborde le carré dit des « mutilés du cerveau » : quatre-vingt-dix-huit tombes d'anciens combattants de la guerre 1914-1918. Des « gueules cassées » atteintes de graves blessures à la tête et souffrant de troubles psychiatriques irréversibles. Certains patients auront passé plus de cinquante ans dans cet hôpital, et parmi eux, une seule femme. Mais ironie du sort, aucun de ces quatre-vingt-dix-huit soldats, pourtant blessés au combat, n'a reçu les honneurs de la patrie. •

> **ANECDOTE** *Cadillac, l'asile des fous dangereux*, un titre de livre qui fait froid dans le dos. Quand la mère d'un ami me prête ce livre, je ne pensais pas me retrouver un jour dans le cimetière où tous ces « fous » ont été inhumés. Une série d'interviews racontent le parcours chaotique et glaçant de ces personnes internées dans l'unité pour malades difficiles de Cadillac. En pensant à ma visite dans ce cimetière vraiment pas comme les autres, je ne peux m'empêcher de penser à ces êtres humains, criminels, soldats, malades, détenues… qui ont séjourné à Cadillac et en sont partis dans l'indifférence et le plus grand silence.

Urbex · Site n°16 ↓ · Le manoir du sanglier

Lorsque je passe la grille de cette propriété, je suis ébahi devant cette maison d'une élégance folle posée au milieu d'un jardin en fleurs. La façade alterne entre briques rouges et pierres de taille, surplombées de toit d'ardoise ; une horloge sur le fronton s'est arrêtée à 15 h 02, ou 3 h 02 ? La grille est grande ouverte, l'herbe haute. Lorsque je m'approche du bâtiment, je remarque des vitres cassées. Une seconde grille barre l'entrée. Je fais le tour et, à l'arrière de la maison, j'aperçois une sorte de loggia construite de plain-pied face au parc. Une des portes vitrées a été cassée ; le trou dans les vitres permet de passer facilement sans se blesser. Les deux amis qui m'accompagnent et qui m'ont invité à visiter ce petit manoir sont aussi surpris que moi de la facilité avec laquelle nous pénétrons dans cette maison.

Le lieu a donc déjà été visité. Ce n'est pas toujours un bon présage, car le vandalisme ou le vol sont monnaie courante. Et si c'est le cas, il risque de ne plus rien rester d'intéressant à explorer. Notre première incursion au rez-de-chaussée est plutôt rassurante. Les pièces ont été en partie vidées mais pas détruites. Pas un seul tag ne court sur les murs. L'isolement de la maison a sans doute contribué à son état de conservation.

Urbex ↙ Site n° 16 Le manoir du sanglier

_____ La lumière ne manque pas. Sur les trois niveaux, chaque pièce est équipée de grandes fenêtres ouvrant sur le parc. La visite est rapide, quelques cartons de livres ont été abandonnés. Je m'amuse en constatant que plusieurs d'entre eux traitent de la vie des lapins. Les éditions sont plutôt anciennes. D'autres exemplaires reliés traînent sur le dessus d'une cheminée en marbre rouge veiné de blanc. Une BD de Tintin, *L'Affaire Tournesol*, est posée sur une table dans l'entrée. Dans la cuisine, la table en bois est toujours couverte d'une toile cirée rouge et blanc. Sans la poussière accumulée au fil du temps, on pourrait supposer que le déménagement de cette maison a eu lieu récemment.

_____ Un petit tour dans les étages devrait permettre d'en savoir un peu plus sur l'histoire de cette maison. L'escalier massif aux formes géométriques dessert tous les étages. Le salon est impressionnant : une cheminée ornée d'un ouvrage en bois sculpté est en parfait état. Un insert a été ajouté, confirmant le déménagement récent des locataires. Deux fauteuils crapaud, une table et des chaises n'ont pas été emportés, tout comme le lustre encore fixé au plafond et ce magnifique trophée :

Urbex · Site n°16 · Le manoir du sanglier

> **ANECDOTE** Les décorations en bois, les quelques meubles encore sur place, l'arbre mort dans le jardin ne sont pas sans rappeler l'ambiance lugubre du manoir de la famille Addams. Il ne manque qu'un squelette passant la tête par une des fenêtres pour fêter Halloween.

> **À NE PAS RATER**
Le mécanisme de l'horloge et tous ces engrenages... Même s'ils sont rouillés, je suis fasciné par la complexité de la machine. Un beau spécimen pour un groupe d'Untergunther capable de remettre cette horloge en état de fonctionnement.

une tête de sanglier empaillée. Le propriétaire était-il chasseur ? Dans les chambres attenantes, je découvre encore des cartons de livres et de magazines pour enfants. Nous passons rapidement en revue ces pièces avant d'aborder le dernier étage aménagé sous les toits. Pas d'objets marquants, si ce n'est cette horloge de façade dont le mécanisme complètement rouillé est toujours en place. Il suffirait d'un rien pour le remettre en route. Enfin, c'est ce que j'ai envie de croire... •

Ce *roadtrip* dans le Nord doit nous conduire à quelques kilomètres de Lille pour explorer une ancienne prison. Après la case « prison », nous prenons la route en direction de Charleroi. Nous partons explorer une église de l'autre côté de la frontière belge qui *a priori* ne sert plus depuis plusieurs années. C'est la première fois que je me lance dans l'exploration d'un lieu de culte. Nous arrivons au centre-ville et lorsque la voiture s'arrête devant l'édifice, je ne peux croire que c'est bien ce clocher en briques rouges, pointé vers le ciel, qui est l'objet de notre convoitise. Il ne présente aucun signe extérieur d'abandon. Le clocher est toujours debout, les murs semblent solides et le porche principal est fermé à clé. Comment imaginer qu'un lieu de culte situé au cœur d'un bourg habité soit totalement abandonné ? Si c'est vraiment le cas, que peut-on espérer trouver à l'intérieur ? Les questions se bousculent dans ma tête, les doutes aussi.

_____ Compte-tenu de sa situation, il faut trouver le moyen d'y pénétrer sans se faire remarquer. L'entreprise ne va pas être facile, d'autant que l'église se trouve à proximité d'un commissariat. Côté façade, impossible d'entrer. En contournant le bâtiment, nous repérons un parc mitoyen avec le mur du jardin de l'église. Même s'il n'est pas très haut,

nous veillons à ne pas glisser ; les pierres usées sont couvertes de mousse, une chute attirerait l'attention du voisinage. Nous nous aidons mutuellement à franchir le mur, avant de nous laisser tomber dans l'herbe. Le cœur palpitant, je fais un rapide tour d'horizon et j'aperçois une porte entrouverte : c'est notre sésame pour découvrir ce lieu.

_____ Pénétrer clandestinement dans une église procure une sensation étrange. Nous nous faufilons dans l'intérieur sombre de l'église. Une odeur nauséabonde y règne, mais cela ne suffit pas à nous faire rebrousser chemin. C'est tant mieux ; car le spectacle est grandiose : une longue nef se prolonge jusqu'au chœur de l'église en forme d'abside. De magnifiques colonnes supportent la voûte de l'édifice et laissent entrer par endroits des puits de lumière au travers des vitraux, encore intacts pour certains. Des grilles en fer forgé limitant l'accès aux chapelles de prière sont toujours à leur place. Mais tout autour, c'est un vrai désastre. L'ensemble du mobilier a disparu, les murs sont décrépis. Des tonnes de gravats jonchent les allées, comme si des pillards avaient creusé le sol à la recherche d'un trésor. Qu'a-t-il bien pu se passer dans cette église ? On avance prudemment dans ce capharnaüm. En suivant la nef centrale, en direction du chœur, le plancher est éventré. Du trou béant émergent des pierres tombales rectangulaires. L'église a comme ouvert son ventre pour

L'église aux pigeons

> **À NE PAS RATER** Bien qu'en très mauvais état, l'église a conservé son orgue. On le découvre à l'étage supérieur, au-dessus de la nef. Les toiles d'araignées et les moisissures couvrent les touches des claviers en partie disparues. Malgré son état calamiteux, j'ai une drôle d'envie de faire quelques gammes imaginaires et d'actionner les tirants de jeux, ces manettes où chaque son est inscrit sur des plaques de faïence toujours en place : viole de gambe, trompette ou céleste.

> **HISTOIRE** Construite au XIIIe siècle au cœur d'une ville francophone de Belgique, cette église gothique classée, fut pourtant abandonnée. Incendiée et ruinée à la fin du XVIe siècle, l'église sera sauvée par son curé et son curateur contraints de vendre les biens de la paroisse pour assurer quelques réparations. L'édifice dédié au patron des voyageurs, à cause de sa situation sur une voie importante de communication, va au fil des guerres, des pillages et du temps se dégrader lentement. Dans les années 1990, une tempête soufflera une partie des vitraux. Ce patrimoine architectural est finalement fermé en raison de son délabrement. Bien qu'une phase de travaux ait été lancée il y a une dizaine d'années pour stabiliser le chœur et le transept, faute de moyens financiers, le monument historique n'est pas prêt d'être sauvé.

> **ANECDOTE** L'épitaphe est cachée par une couche de poussière et de fientes de pigeons. Intrigué je gratte avec ma chaussure cette dalle et découvre cette magnifique pierre tombale. Une inscription en français (« Lecteur prie dieu pour leurs âmes »), surmonte un squelette de crâne posé sur des os entrecroisés. L'ensemble est orné d'un rinceau végétal courant tout autour de la sépulture, rare témoin de ce lieu de culte et des morts qui y sont enterrés.

nous montrer les gisants qui ont été inhumés dans la crypte il y a plusieurs siècles.

_____ On a le sentiment d'un travail inachevé, de fouilles archéologiques interrompues et laissées en plan. Le faisceau de ma torche plonge dans les entrailles de l'église : des ossements sortis de leur cercueil s'étalent à même la terre. Et moi qui craignais de ne rien trouver dans cette église... En levant les yeux, nous nous apercevons que des dizaines de pigeons ont élu domicile dans cet endroit plutôt original. Leurs fientes amoncelées, parfois sur plus de trente centimètres de hauteur, empuantissent l'atmosphère. Au loin, j'aperçois un escalier encore en état qui mène à l'étage supérieur. Ma visite déjà surprenante n'est pas encore terminée et les surprises non plus : un magnifique orgue déglingué, couvert d'excréments et de toiles d'araignées, tente de survivre au milieu des gravats. On devine qu'il fut un temps où ce clavier a joué des airs inspirés pour les fidèles de cette église abandonnée. •

LE CHÂTEAU CHOCOLAT

[INDICES]

\# Un bois en pleine ville (Hauts-de-Seine)
∟ Au nord d'un collège
△ Demeure d'un célèbre chocolatier

☠ Dangerosité : 4/5
⊙ Durée de la visite : 2 h

En débarquant devant le parc, mon ami et moi ne nous attendions pas à être bloqués par une grille aussi haute et dissuasive. J'ai beau faire le tour du propriétaire pour trouver un autre accès – un trou dans un grillage, une porte dérobée entrouverte… – rien, hormis cette grille dont l'escalade semble impossible et dangereuse. Pourtant, il va bien falloir se décider à grimper si nous souhaitons vraiment explorer ce manoir insolite. À travers la grille, nous apercevons des murs couverts de végétation, un escalier monumental, des fenêtres hautes. De quoi nous stimuler pour passer l'obstacle. Après avoir pris notre courage à deux mains, nous franchissons la clôture ; le château nous ouvre ses portes !

_____ Nous nous faufilons entre les arbres du parc et, à travers les feuillages, la maison nous apparaît, tel un temple d'Angkor. Elle semble emprisonnée dans une jungle envahissante. Ici, la nature a repris ses droits et n'a plus l'intention de céder la place. Les lierres et autres plantes grimpantes se sont insinués dans la moindre fissure ; ils recouvrent cette superbe demeure abandonnée et endormie depuis bien longtemps. Heureusement, la façade est encore debout. Le toit n'a en revanche pas résisté aux affres du temps et aux dégâts causés par un ou plusieurs incendies successifs. Les fenêtres sont encore en place, tout comme deux cheminées très hautes, laissant deviner

une charpente pentue. Les décorations des façades sont dans un style gothique renaissant, les frontons sculptés d'arcs, d'ogives et de motifs de trèfles typiques du début de la Renaissance. Une architecture néogothique ostentatoire qui offre de quoi nourrir l'imagination et surtout éveiller la curiosité.

_____ Quelques pas suffisent pour comprendre que le lieu est dangereux. Si les façades ont en partie résisté au temps et aux incendies, à l'intérieur tout est détruit. Chaque vibration fait crisser les murs, une brique se décèle du plafond et tombe à nos pieds avec fracas. Un avertissement sur la limite à ne pas franchir ? Malgré notre prudence, nous ne sommes pas à l'abri d'un accident. Les racines des plantes qui poussent dans les pierres ont rendu les murs très friables. Les poutres noircies par les incendies forment un amas de bois difficile à traverser. Il serait plus sage de revenir sur nos pas mais, comme à chaque fois, la fascination du lieu l'emporte sur la raison.

_____ La visite du rez-de-chaussée n'est pas des plus excitantes. L'effondrement des plafonds rend impraticable une partie de l'étage. Des escaliers, dont subsiste la structure en métal, attirent notre attention. Nous vérifions leur solidité. Le risque semble minime, enfin, nous l'espérons. Nous décidons de monter vers les étages. Le premier niveau est dévasté. De la verrière qui devait couvrir le grand salon, seules les armatures en fer ont tenu bon. Un escalier similaire

Urbex Site n° 18 ↓ Le château chocolat

> **L'HISTOIRE** Élégant et ostentatoire, le « château » de style néogothique, fut la demeure d'un célèbre chocolatier parisien au début du XXe siècle lors de sa construction. « Fournisseur breveté de toutes les cours d'Europe », vantait la publicité de ce prestigieux établissement créé dans les années 1810. « La première marque du monde » de chocolat attirait le Tout-Paris. Après son abandon au milieu d'un parc boisé, la maison de la famille va devenir, tour à tour, une maison de repos, un couvent de carmélites, puis un collège d'enseignement technique pour les jeunes mères célibataires qui fermera ses portes dans les années 1970. Un an plus tard, un premier incendie ravageur amorcera le déclin de cette maison de prestige, devenue malgré elle, une belle ruine.

> **ANECDOTE** Ma passion pour les endroits abandonnés ne date pas d'hier. Collégien, j'aimais déjà me faire peur en me baladant sur des lieux interdits. En 2002, lorsqu'on arrive avec mes amis au « château chocolat », j'ai complètement oublié que je suis déjà venu m'aventurer dans ce parc. Les arcs, l'escalier caractéristique, l'ambiance ravivent ma mémoire. J'étais demi-pensionnaire dans un collège voisin. Avec une amie, nous avions entendu parler de cette grande maison abandonnée dans un parc. Discrètement, nous nous étions échappés de l'école pour explorer ces ruines. Notre visite ne dura pas plusieurs heures mais juste assez pour me souvenir, huit ans plus tard, que ce château faisait déjà partie de mes souvenirs.

au précédent donne accès aux combles. La prudence est toujours de rigueur. Le métal a été sérieusement endommagé par le feu. Et nous voici sur le toit ! La vue sur le parc est unique, pour qui a eu l'audace de s'aventurer dans pareils décombres. Nous sommes fiers d'être arrivés au bout de cette exploration. Au-dessus de nos têtes, un ciel azur, et en contrebas, un grand vide qui me donne le vertige. Je m'adosse à un des rares murs encore debout. Je me penche légèrement, mon regard bute sur la cime de grands arbres qui ont envahi l'espace et qui tendent leurs branches vers la lumière. Un décor de roman de science-fiction digne de Tolkien. Un craquement de plancher interrompt ma rêverie. Le retour risque d'être ardu. Va-t-on pouvoir de nouveau franchir cette grille ? Cette fois-ci, c'est la peur de ne pas pouvoir sortir qui nous pousse à partir. ●

Urbex — Site n°19 ↘ — Le sanatorium dans la forêt

Nom de code : Sanatorium delirium. Entre explorateurs urbains, nous rebaptisons souvent les noms des lieux que l'on visite, pour les préserver ou bien pour éviter que des personnes sans expérience prennent des risques dans des endroits parfois dangereux. C'est aussi une façon d'échanger au sein de notre réseau. Tout le monde se connaît au moins par sites interposés. Parfois, il arrive d'être invité à participer à une exploration. « Il reste une place dans la voiture, si tu veux venir avec nous en Picardie explorer le Sanatorium delirium, tu es le bienvenu. » Impossible de refuser, l'endroit a l'air vraiment intéressant. L'occasion est trop belle. Nous sommes quatre dans le véhicule et tous passionnés d'exploration urbaine. La discussion s'enclenche d'emblée sur l'objet du voyage, le sanatorium perdu dans la forêt. Tout comme moi, mes nouveaux amis ont repéré les lieux mais ne les ont jamais visités. Avant de partir, j'ai pris le temps de regarder quelques cartes postales anciennes sur Internet et mon enthousiasme à l'idée de m'y rendre enfin s'est décuplé.

Urbex — Site n° 19 — Le sanatorium dans la forêt

Plus d'une heure de route depuis Paris et une bonne partie dans les bois. Nous stationnons la voiture à proximité et nous poursuivons à pied. Un trou dans le mur protégeant le centre de soin nous ouvre la porte du site. Deux grands bâtiments en forme de U sont construits dans le même alignement. Leurs styles architecturaux sont différents. Le premier que nous décidons d'explorer ressemble à ces grandes maisons normandes à colombages aux toits d'ardoise. De très hautes fenêtres animent la façade sur plusieurs étages. Orientées plein sud, elles devaient permettre aux malades de profiter d'un ensoleillement maximal.

Urbex — Site n° 19 ↓ — Le sanatorium dans la forêt

> **HISTOIRE** La tuberculose est une maladie contagieuse. Au XIXe siècle, les pouvoirs publics se préoccupent du fléau et cherchent les moyens de limiter sa propagation. Il faut trouver des endroits où l'ensoleillement maximal est possible. En 1899, ce sanatorium ouvre ses portes aux malades atteints de tuberculose sur une propriété de 33 hectares. Un second bâtiment sera construit dans les années 1920. Réquisitionné comme hôpital pendant la Seconde Guerre mondiale, puis par l'armée allemande en 1944, l'établissement restauré et modernisé ne sera fermé qu'à la fin des années 1990.

> **ANECDOTE** Dans le jardin, une petite maison surmontée d'un panneau « Amphithéâtre » attire notre attention. Y avait-il une salle de spectacle pour distraire les patients ? Non pas vraiment. Nous poussons la porte et le décor est loin de ressembler à celui d'une pièce de Molière. Nous sommes dans la morgue. Plus précisément dans la salle d'embaumement. Des produits liquides, des gants, des rideaux rouges entre les lits, des frigos… tout est resté sur place. La sensation est étrange, voire un peu glauque. Je réalise surtout que parmi tous ces patients, certains ne guérissaient pas.

La visite risque de durer. La superficie de ce premier bâtiment est immense et il y en a d'autres à fouiller. Nous rejoignons ce qui pourrait ressembler à un jardin d'hiver : un long couloir vitré reliant les deux bâtiments. Les parois sont couvertes de tags. Apparemment, le lieu est régulièrement visité. Les vitres sont brisées et les murs plutôt dégradés. Nous ne nous éternisons pas. Nous avons hâte de rejoindre le premier établissement. L'état de détérioration est sacrément avancé. On devine toutefois une certaine élégance de l'architecture. Beaucoup de débris et de matériel rouillé empêchent une lecture claire des lieux. Alors, nous passons

Urbex ↙ Site n° 19 Le sanatorium dans la forêt

> **À NE PAS RATER**
> La buanderie est équipée d'immenses machines à laver bleues. On peut tenir à trois à l'intérieur. Ce n'est pas un lieu extraordinaire, il est plutôt anecdotique, mais c'est assez amusant de se prendre en photo la tête dépassant du tambour. Et surtout, bien moins effrayant que de faire la même chose dans les frigos de la morgue...

dans l'autre pavillon, construit dans les années 1920, soit vingt-cinq ans après le précédent.

Nous découvrons un vrai capharnaüm : des dossiers médicaux en vrac, du matériel sportif, des chaises et des tables détruites ou obstruant les ouvertures. Je prends quelques photos, pourtant je suis un peu déçu de voir tout ce bazar. La fatigue se fait sentir mais il reste encore la cave à explorer. Des postes de télévision sont superposés pêle-mêle et dans une petite pièce que l'on aurait très bien pu ne pas remarquer, nous découvrons un trésor insolite : tout le courrier et les photos des anciens patients et des parents. Tous ces portraits et ces cartes postales sont étalés sur une table : des clichés en noir et blanc, d'hommes, de femmes et d'enfants venus se faire soigner de la tuberculose. Les dates inscrites sur les enveloppes nous surprennent, elles couvrent plusieurs décennies depuis 1930. Je réalise que tous ces malades avaient des visages et que le port de la moustache « hitlérienne » était vraiment à la mode au début du siècle dernier. ●

Urbex   ↙ Site n° 20   Le monastère aux mûres

LE MONASTÈRE AUX MÛRES

☞ [INDICES]
\# Centre de football (Yvelines)
↳ Lac à l'ouest
∆ Cimetière au nord

☠ Dangerosité : 3/5
⊘ Durée de la visite : 2 h

Le nom de la ville où est situé ce monastère est bien connu des fans de football… Sa localisation m'est donnée par un ami que je n'ai jamais rencontré, du reste, mais avec qui j'échange des bons plans d'exploration urbaine. Les bâtiments ne sont pas extraordinaires mais le site a un certain charme, selon lui. Rendez-vous est pris.

_____ Nous voici sur l'autoroute A6 en direction des Yvelines. Une petite heure de route et je vais enfin découvrir ce lieu secret. La seule chose que mon ami me précise est la difficulté pour accéder au site. Une véritable aventure nous attend !

_____ Cet ancien monastère est abandonné depuis plus de quinze ans. Impossible de pénétrer dans le bâtiment par la façade. Il faut faire le tour par la forêt, m'annonce mon compagnon de route. Après cinq minutes de marche, nous voici devant une petite rivière que l'on doit franchir en marchant sur un tronc d'arbre. Il pleut, le bois est très humide. Je redoute la glissade dans l'eau. Nous nous retrouvons ensuite face à un massif de ronces, d'orties et de fougères d'un mètre cinquante de haut qu'il nous faut traverser. Après tous ces efforts, l'ancien monastère nous ouvre enfin ses portes.

_____ L'architecture, récente, n'a rien de spectaculaire. Quelques bribes de vestiges passés comme ces arcades et colonnes à chapiteaux sculptés de type moyenâgeux apparaissent çà et là. Ces éléments architecturaux ont sans aucun doute été récupérés sur les ruines d'un bâtiment plus ancien. Attendons de voir l'intérieur.

_____ Des tags couvrent les murs. Les visites ont dû être nombreuses. Il suffit de faire le tour du propriétaire pour s'en rendre compte. Les actes de vandalisme sont fréquents dans les lieux abandonnés. Ce n'est pas dans l'éthique des explorateurs urbains. Nous, nous visitons sans rien toucher. Tout doit rester sur place sans être détérioré. Dans le monastère, c'est un peu le carnage. Je prends pas mal de photos. Dans le bâtiment le plus récent, qui date selon moi des années 1970, la salle de prière, les cellules des sœurs dominicaines, le réfectoire sont à peine identifiables. Difficile, compte tenu de l'état des lieux, de se faire une idée de la vie monastique.

_____ Aurons-nous plus de chance dans l'autre partie du site ? La maison que nous découvrons a été restaurée et parfois même entièrement rebâtie. L'escalier principal a beaucoup de style : des marches en pierres taillées, une rampe en fer forgé. Une jolie verrière court le long du premier étage. De part et d'autre des couloirs interminables se succèdent une enfilade de petites chambres dans lesquelles il reste peu de chose. Au grenier, quelques objets vintage des années 1960. La pièce est surréaliste, avec toute sa toiture qui part en lambeaux. Pas de grandes surprises…

_____ Nous dévalons les escaliers vers la sortie. Mais une dernière pièce nous a échappé.

Le monastère aux mûres

> **L'HISTOIRE** Cette ancienne abbaye fondée au XIIe siècle fut d'abord confiée à des chanoines, puis à des abbés au XVIIe siècle. La Révolution ruinera l'institution. Transformée par la suite en monastère de Notre-Dame, ce sont les sœurs dominicaines qui s'y installeront jusqu'à leur départ dans les années 1990.

> **ANECDOTE** « Toc ! toc ! toc !... », ce bruit m'obsède. J'avance dans un couloir et ce son régulier brouille ma concentration. Mon ami est parti explorer l'autre partie du monastère. Je suis seul. Le bruit se rapproche. Je suis persuadé qu'une personne se dirige vers moi. Je ne suis pas rassuré, car l'arrestation est peut-être au bout du couloir. La peur m'envahit ; pourtant je n'en suis pas à ma première exploration. Qu'importe ! Je me glisse dans un recoin et j'attends. Rien ne se passe. Au bout d'un moment, je sors de ma tanière et je me dirige vers ce bruit qui ne s'est pas intensifié depuis tout à l'heure. À défaut de bruit de pas, je découvre une fuite d'eau dans la toiture et des gouttes se fracassant sur le bord d'un évier...

La porte est entrouverte. Nous voici dans la cuisine. Et quelle cuisine ! Après avoir fait l'inventaire d'un sacré capharnaüm, nous nous retrouvons dans un lieu quasiment épargné si nous le comparons aux autres pièces des maisons. Tout le matériel est en place : les fours, les ustensiles de cuisine, la machine à laver, l'essoreuse, le réfrigérateur, et comme un peu partout autour du monastère, de belles mûres que l'on peut cueillir par les fenêtres. •

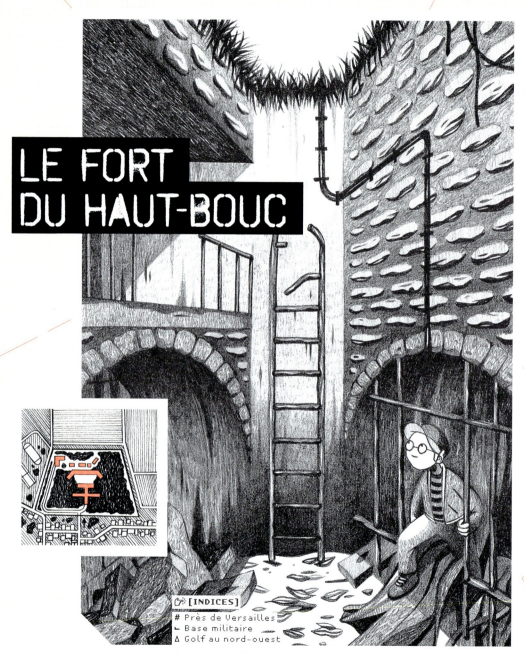

Urbex   Site n° 21   Le fort du Haut-Bouc

Cette ancienne base militaire est très connue dans le milieu des explorateurs urbains. Nous sommes en l'an 2000. Ce site ne figure pas dans la *short list* de mes priorités. Les quelques photos que j'ai pu voir montrent des bâtiments tagués, complètement vides. Ce sera pour plus tard.

_____ En 2010, un ami m'y entraîne. Je reste dubitatif et ne prends même pas de photographies. Je repère toutefois les lieux, sait-on jamais ? Quatre ans plus tard, fort de mes explorations dont la liste s'allonge, je constate qu'aucun grand site militaire de ce genre n'y figure. Ce serait quand même pas mal de le photographier pour enrichir mon site. Et qui sait, peut-être vais-je découvrir quelque chose que les autres n'avaient pas vu jusque-là ? J'ai maintenant deux bonnes raisons d'emporter mon appareil photo et de prendre la route.

_____ Je sais que l'accès est facile à trouver. Inutile de passer par la grille principale, un trou dans le grillage fait office de porte d'entrée. Un crachin incessant perturbe cette matinée. Le terrain devient boueux. Je me décide à chausser mes bottes, moins pratiques que des baskets pour explorer les lieux et surtout, détaler en cas de danger.

La première poignée que je tourne ouvre une grille donnant sur un long tunnel. Il fait sombre et la température est assez fraîche. Je commence mon reportage photo. L'architecture en pierres maçonnées est intéressante et je suis content du résultat des premiers clichés. Je progresse en suivant la lumière qui entre par les fenêtres d'un long couloir ; des pièces vides y sont disposées de part et d'autre. Dans l'une d'elles, un escalier s'arrêtant brutalement sur un mur de briques me donne l'idée de poser des bougies sur chaque marche pour créer un effet lumineux : j'espère faire de bonnes photos. Je m'apprête à allumer les bougies lorsque soudain, j'entends des voix. Je range rapidement mon matériel et file à l'anglaise. Je ne sais pas à qui j'ai à faire : des joueurs de *paintball* ? Des visiteurs comme moi ? Des policiers ? Je trouve difficilement une issue pour m'échapper. Bien planqué derrière la végétation, je les entends discuter de « portes à fermer, d'issues à condamner... ». Le ton semble être celui de joueurs. J'observe et me décide à me présenter, car à cet instant je suis persuadé que ce sont des joueurs d'*air soft*. Je veux leur demander de ne pas me tirer dessus, leur dire que je suis juste là pour faire

Urbex   Site n° 21 ↓   Le fort du Haut-Bouc

des photos. Le mec en combinaison noire à qui je m'adresse n'a pas l'air très joueur lorsqu'il me voit. Je raconte mon histoire. Sans m'adresser la parole, il empoigne son talkie-walkie : « Allô ! On a un civil. Un photographe. Arrêtez tout, on le raccompagne. » À défaut de jouer au *paintball*, je me retrouve face à un policier qui me sermonne jusqu'à la sortie. Le terrain est une base d'entraînement et j'ai eu de la chance, me prévient-il, qu'aujourd'hui ils n'utilisent pas de balles réelles. J'écoute poliment jusqu'à la sortie. Quelle affaire ! Je n'ai pas plus de dix photographies en boîte. C'est un peu frustrant, les souterrains ont l'air magnifique ! Et si je tentais une nouvelle incursion loin du commando en exercice ? Qu'est-ce que je risque, de me faire tirer un peu plus fort l'oreille ? C'est décidé, je terminerai mon reportage... ●

> **L'HISTOIRE** Le fort du Haut-Bouc fait partie des forts construits entre 1874 et 1881 pour défendre Paris. Le fort a été endommagé par les bombardements de 1944. De 1979 à 1995, la société « Taume-Sonne » va développer des activités militaires. Lorsque le groupe quitte les lieux, le site reste à la merci des éléments, des tagueurs, des voleurs etc. Aujourd'hui, c'est, vous l'avez compris, le terrain d'entraînement de la Police nationale.

> **À NE PAS RATER** La série de tunnels entièrement voûtés en pierre. Ils communiquent entre eux et mènent à la grande caserne. Leur volume est impressionnant. À noter, la grande façade du fort qui vaut le détour.

Urbex   Site n° 22 ↴   La demeure de l'ambassadeur

« C'est plus petit, mais ici, il fait plus chaud. » Cette phrase fut prononcée par un diplomate qui faute de moyens nationaux, n'avait pas pu rester dans sa résidence officielle. L'information peut sembler anecdotique mais, pour moi elle prend une toute autre dimension, puisque cette maison figure sur la liste de mes explorations urbaines. Un lieu que j'ai échangé avec un collègue. Une maison de banlieue faisait déjà partie de mes expériences, mais pas celle d'un ambassadeur. Une fois de plus, ma curiosité aura pris le dessus sur l'intérêt réel de visiter un tel lieu.

_____ La résidence se situe dans un quartier huppé de l'ouest parisien. Jusque-là, rien d'anormal pour un diplomate de ce rang. Je n'ai pas besoin de voiture pour m'y rendre. « C'est à dix minutes de la gare RER », m'assure le correspondant avec qui j'ai troqué les informations. Pendant le trajet, j'ai le temps de repérer l'itinéraire pour ne pas perdre trop de temps à l'arrivée. J'avance

113

Urbex · Site n° 22 · La demeure de l'ambassadeur

dans ce quartier désert. Des maisons cossues apparaissent derrière les haies ; certaines ressemblent à des petits châteaux. Avec mon sac à dos et mes baskets, je n'ai pas trop le look du coin. Espérons que l'on ne me prenne pas pour un rôdeur. La méfiance des résidents pourrait me jouer un sale tour. Très vite, je balaie ces pensées négatives de ma tête et continue. Comme je m'en doutais, l'entrée donne sur la rue. Je vais devoir être vraiment discret pour me glisser dans la propriété. Un grillage ceinture la maison et, par chance, il est en partie détaché. La maison est ouverte, je peux souffler. Je ne sais pas si c'est la fonction de l'ancien locataire qui me met dans cet état de nervosité, mais tous mes sens sont en alerte maximale. Serais-je sur le territoire d'un autre pays, puisqu'il s'agit d'une résidence de l'ambassade ? Je ne connais pas vraiment la règle.

_____ Le jardin n'est pas du tout entretenu. Une voiture avec une plaque verte, celle attribuée aux diplomates, est abandonnée sous les arbres. Les feuilles d'automne l'ont en partie recouverte. Une raquette de tennis cassée a été oubliée sur les marches du perron. À l'intérieur, tout est sens dessus dessous. La maison a dû être visitée. Il reste pas mal de meubles : des canapés et des fauteuils de caractère, quelques rideaux accrochés aux tringles… L'humidité a complètement rongé les peintures. Les plafonds et les murs lépreux n'ont plus de couleurs. À l'étage, c'est une vraie désolation. Des tonnes de papiers ont été jetées au sol : documents

La demeure de l'ambassadeur

> **L'HISTOIRE** Très peu d'informations sont disponibles sur l'histoire de cette maison. Mes recherches m'ont permis d'identifier l'ambassadeur qui vivait dans cette résidence à partir de 1989. Une guerre dans son pays va bouleverser la vie des diplomates résidant à l'étranger. Les budgets ne permettent ni d'entretenir cette maison ni de la chauffer. L'ambassadeur a quitté le lieu au début des années 2000.
>
> **ANECDOTE** Pour accéder au deuxième étage, il faut pouvoir escalader car l'escalier a été démoli. C'est un peu dangereux, mais je tente l'ascension. Les visiteurs précédents ne sont pas venus jusque-là et du coup l'étage est bien moins détérioré. Un beau canapé orné de dorures occupe une des pièces. La végétation rentre par la fenêtre. L'atmosphère est paisible. Des posters de mannequins Versace sont accrochés aux murs. Un porte-cartes est posé sur une table et lorsque je l'ouvre, je découvre les cartes de visite de nombreux chefs d'État étrangers dont les noms me renvoient à mes livres d'histoire.

officiels, lettres de l'ambassadeur, etc. Dans le couloir, plusieurs valises sont restées en plan. Je poursuis ma visite dans les chambres, des tas de vêtements de femme s'amoncellent à même le sol. J'ai vraiment le sentiment que la famille est partie précipitamment. Toutes les fenêtres ont été calfeutrées avec du scotch, comme s'il fallait empêcher le froid de pénétrer. Une étrange constatation dans une maison de ce standing. D'autres raquettes de tennis et encore d'autres canapés luxueux se détériorent dans les combles. Je pense avoir fait le tour du propriétaire. Rien de passionnant, si ce n'est l'histoire de cette maison que je devine par bribes. Des adolescents y vivaient aussi visiblement, les posters affichés aux murs semblent le confirmer. Le luxe des vêtements et des meubles relevait d'un certain niveau social. Que s'est-il passé ? Je ferai des recherches après la visite. La porte de la cave n'est pas verrouillée non plus. C'est souvent l'endroit par lequel je termine, sans doute parce que j'espère y découvrir l'objet inattendu, celui qui donnera du relief à mon exploration. Encore un canapé, bien kitsch cette fois-ci. Sur l'accoudoir, je crois reconnaître un album photos. Mes yeux pétillent. Le trésor que je cherchais est là caché dans la pénombre de ce débarras. Je tourne les pages consciencieusement. Les photos ont été prises lors d'un sommet en Afrique. Un visage apparaît sur de nombreux clichés, ce doit être celui de l'ambassadeur. Sur l'une d'elles, notre locataire pose avec un certain Jacques Chirac qui n'était pas encore président ! •

La photographie que je viens de recevoir d'une amie est un vrai cadeau : une papeterie désaffectée. J'adore ces usines, car elles sont construites au bord de l'eau dans un environnement plaisant. Et comme je n'ai jamais rien exploré dans le Perche, ma curiosité n'en est que plus grande. Je décide de m'y rendre aux beaux jours pour profiter des lumières particulières en bordure de rivière.

_____ L'entrée est très sportive. Moi, je la trouve plutôt amusante, mon amie un peu moins. Il va falloir passer la rivière. Il y a bien un pont, mais une grille fait barrage. Les pics acérés ne sont pas non plus encourageants. Je réfléchis rapidement à une solution raisonnable : mon amie qui est fluette passera sous la grille et de mon côté, je vais la contourner en veillant à ne pas tomber à l'eau ou à ne pas m'empaler sur ces pointes rouillées. J'aime les arrivées acrobatiques.

_____ Les bâtiments industriels sont spectaculaires. Très hauts avec des encadrements de fenêtres et de portes en briques rouges. J'en compte au moins quatre. L'un d'eux est beaucoup plus récent, mais l'ensemble reste très harmonieux. Une partie des locaux borde la rivière, qui alimentait l'usine pour la fabrication de la pâte à papier. Nous faisons le tour des installations avant de

Urbex ↙ Site n° 23 L'usine aux biquettes

Urbex   Site n° 23 ↓   L'usine aux biquettes

> **HISTOIRE**   Située en pleine ville, à cheval sur la rivière, l'usine à papier a été construite vers 1860. À son apogée, dans les années 1920, environ 200 personnes y travaillent. On y fabrique principalement du papier à cigarettes. Mais la papeterie est de moins en moins rentable et périclite, au point que seule une trentaine d'ouvriers font tourner les machines dans les années 1970. Puis le site doit fermer ses portes. Le lieu est aujourd'hui utilisé comme centre de stockage de matériaux récupérés dans des usines en liquidation.

> **À NE PAS RATER**   Le point de vue depuis le toit : le paysage, le son de la rivière et les biquettes forment un tableau bucolique insoupçonnable dans ce lieu abandonné.

pénétrer dans les bâtiments. Des tonnes de matériel ont été démontées et entassées dans la cour. Des échafaudages sont accrochés aux façades de certains pavillons. Une interminable cheminée en brique s'élève au-delà des toits. Une barque a été abandonnée sous un arbre en fleur. C'est le printemps et la nature reprend vie, clairsemant des taches de verdures ici et là. Au bout de la pelouse, une maison bourgeoise est en train d'être restaurée. Nous la laissons de côté ne sachant pas si elle est occupée. À l'intérieur comme souvent, tout est en miettes ou dans un piteux état. Nous ne nous éternisons pas. Une terrasse attire notre attention. L'escalier qui y conduit est facile d'accès. La vue sur la campagne alentour est superbe. Tout est vert. Nous prenons le temps d'admirer les toits de l'usine et leur enchevêtrement de tuiles rouges. Je ne regrette pas le déplacement. En redescendant, mon amie, qui souhaite refaire un tour dans un des bâtiments, ressort en courant. Elle est tombée nez à nez avec une chèvre. Puis une deuxième. Elles n'ont pas l'air malheureuses dans cet environnement de béton où l'herbe pousse malgré tout. Je comprends mieux pourquoi les pelouses étaient si bien tondues. Ce sont elles qui ont fait le travail, peut-être par la volonté du propriétaire de la maison. En attendant de le savoir, je les prends en photo car elles méritent une place sur mon site. ●

LE CHÂTEAU LUMIÈRE

[INDICES]

\# À la frontière des Vosges et du Haut-Rhin

∟ Au cœur de la ville à flanc de coteaux

Δ Entre Colmar et Strasbourg

☠ Dangerosité : 3/5

⊙ Durée de la visite : 3 h

Cette maison est une des plus belles découvertes de mes explorations. Et je ne remercierai jamais assez ces amis qui m'ont invité à les suivre dans les Vosges tout un week-end. La demeure est située en pleine ville. À l'arrière, un sous-bois borde la propriété. C'est par là que nous tenterons notre incursion, car côté rue, cela semble trop visible. Il faut marcher un certain temps pour contourner le hameau et rejoindre la forêt. Un long chemin pentu planté d'arbres donne sur la maison en contrebas. Nous dévalons la côte en partie sur les fesses. Une fois au pied du talus, quelques marches et une porte qu'il suffit de pousser nous conduisent dans l'antre d'un vaste hall. Nous sommes frappés par les lignes courbes dominantes dans l'architecture. C'est comme si nous regardions cette pièce au travers d'un verre déformant. Au centre du vestibule, un puits de lumière traverse tous les étages. Au premier et au deuxième niveaux, une rambarde en fer forgé entoure les ouvertures de forme oblongue. Au-dessus, une verrière de style plus contemporain filtre les rayons du soleil. Ainsi la lumière se diffuse du toit jusqu'au rez-de-chaussée. L'impression est vertigineuse.

Les autres pièces de la maison s'articulent autour de ce puits de lumière

central. Pour donner de la profondeur à la pièce, un miroir monumental termine ce hall décoré d'un long tapis rouge.

Une série de chambres ornées de tapisseries un peu vieillies ont conservé leur mobilier. Il s'agit de grands buffets en bois de cerisier surmontés de vitrines cachées par des rideaux. Les pièces les plus spectaculaires sont les salles de bains. La première est décorée de panneaux de marbre noir et gris et d'une baignoire blanche de forme originale. La seconde est de style Art nouveau. Des vitraux très colorés représentant un paysage remplace les vitres des fenêtres. Le carrelage décoratif déroule une frise de fleurs violettes et d'iris multicolores.

Urbex Site n° 24 ↓ Le château lumière

Un contraste très net avec le style global de la maison. Le luxe de cette demeure devait être ostentatoire. Ces vestiges en sont les témoins. Ma crainte est qu'ils soient détruits. Ce sera chose faite quelques mois plus tard, lorsque je reviendrai prendre quelques clichés. Le grand miroir a été brisé et le tapis rouge volé. Seule consolation, mes photos qui pourront rendre compte de l'élégance de ce lieu incroyable. ●

> **ANECDOTE** En visitant le manoir, nous croisons un autre groupe de visiteurs. Tout comme nous, ils viennent prendre des photos. Ils ont l'air de bien connaître les lieux, alors nous leur demandons s'il y a un chemin plus court que cette côte abrupte pour sortir de la maison. Un passage existe à côté du château, permettant d'entrer et de sortir en quelques minutes. Cet échange nous aura fait gagner un temps précieux.

Urbex Site n° 25 ↓ L'usine Delatour

Une usine à tourteaux ? » Évidemment, je pense tout de suite au bord de mer, à cette espèce de crabe délicieux. Mais pourquoi dans le Vexin ? Si loin des côtes ? Les tourteaux, ce sont des aliments pour le bétail. Ça se fabrique avec des graines et de la mélasse de betterave, m'indique mon interlocuteur. Je viens d'apprendre quelque chose. Je suis d'accord pour faire l'échange de ce site contre un des miens pour m'y rendre avec un ami. Une rue à proximité est la « rue de l'Aventure », une prémonition ? C'est l'automne, les arbres commencent à se dévêtir de leurs feuilles. La campagne que nous traversons dans ce coin est plutôt austère.

D'immenses champs de betteraves à sucre et quelques bosquets plantés d'arbres longilignes. Le GPS est notre seul point de repère dans cette campagne à perte de vue. Je savais que le site était isolé, mais pas à ce point. Plus que quelques kilomètres et une tour devrait apparaître.

_____ L'usine est au milieu des champs, à proximité toutefois d'un lieu-dit. La structure est imposante. On discerne deux bâtiments reliés par une passerelle en béton plafonnant à plusieurs mètres au-dessus de la route. C'est vers là que nous garons la voiture. L'usine désaffectée est accessible

en plusieurs points. L'intérieur, à moitié effondré, a énormément souffert de l'incendie de 1980. C'est après cette catastrophe que la fabrique a fermé, abandonnant tout un tas de machines et d'installations désaffectées. La rouille a tout recouvert. Pour nous, photographes, c'est plutôt photogénique et tant pis pour les graffs très colorés en toile de fond. Les murs en sont couverts. Je prends plaisir à trouver le bon cadre, la bonne lumière...

——— Un escalier permet d'accéder au déambulatoire suspendu. Il est envahi de végétation : l'image est assez séduisante. Au bout du bâtiment, un autre escalier, en colimaçon cette fois-ci, complètement rouillé, conduit au sommet. La vue de là-haut est panoramique. Nous apercevons aussi les tuyaux qui transportaient les tourteaux dans les sacs de conditionnement. Un moulin écrasait les grains qui se mélangeaient à la mélasse, puis le tout passait dans un immense entonnoir pour être ensuite façonné en galettes. Les machineries, même à l'arrêt, sont fascinantes. Avec un peu d'imagination, nous pourrions les remettre en état de marche. Ce patrimoine industriel mériterait cette attention. En attendant, je l'immortalise avec mon

Urbex — Site n° 25 ↓ — L'usine Delatour

> **L'HISTOIRE** Bâtie à la fin des années 1930, cette usine fabriquait un aliment pour le bétail appelé « tourteaux ». Mélangé à des céréales et à de la mélasse de betterave, le tourteau était ensuite conditionné en petits cubes et mis en sacs. Au début des années 1980, l'activité se ralentit, puis un incendie met fin à la production dans cette fabrique.

> **ANECDOTE** De la musique, des éclats de rire… nous ne sommes pas seuls dans l'usine. La nature des sons que l'on entend nous rassure sur les personnes présentes. Nous grimpons au sommet de la tour : sur le toit du bâtiment principal, des tagueurs peaufinent leur œuvre. Comment ont-ils fait pour grimper ? La réponse arrive quelques minutes plus tard lorsque deux de leurs copains escaladent les tuiles bien humides et couvertes de mousse. Un peu trop glissant à mon goût, même si le challenge est stimulant. Il y a dix ans, je n'aurais pas hésité une seconde, mais aujourd'hui, plus question de prendre ce risque.

> **À NE PAS RATER** La vue depuis la tour est particulière. Après avoir monté une volée d'escaliers droits, puis en colimaçon, nous nous retrouvons au sommet d'une sorte de « pagode » ou de « mirador géant ». De là, la vue sur l'usine en ruine et la campagne environnante nous projette hors du temps.

appareil photo. Le site se détériore rapidement. Il est même dangereux de s'y promener, alors pas sûr que je revienne de sitôt… •

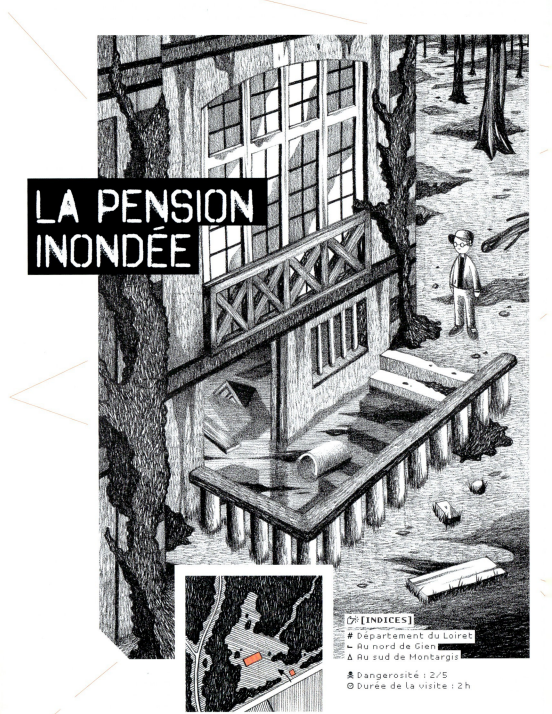

Ce grand manoir perdu en rase campagne a appartenu à une ancienne star du petit écran. Lors de ma visite, je ne retrouverai sur place aucune trace de ce propriétaire très médiatique, mais dans la région on se souvient encore de lui.

_____ C'est un photographe qui m'a échangé l'info sur cet endroit contre un autre lieu de mon site. On m'avait prévenu que le portail devait être ouvert et que je pourrais, si je le souhaitais, stationner ma voiture près de la maison. J'ai appris à être prudent et j'évite toujours au cours de mes explorations d'être trop visible. Je me suis donc engagé sur un sentier forestier accessible avec un véhicule ; il me suffira ensuite de marcher jusqu'à la maison. Mon arrivée sera beaucoup plus discrète. En arrivant par ce côté forestier, je bénéficie d'une très belle vue sur le domaine.

_____ Les portes et les fenêtres sont ouvertes. Cette maison est un vrai courant d'air. J'ai toujours du mal à comprendre pourquoi de si belles propriétés sont laissées à l'abandon dans un état de dégradation souvent irréversible. Le présentateur vedette des années 1960-1970 a vécu une trentaine d'années dans ce manoir ; il est décédé au début des années 2000.

_____ Après sa mort, le domaine devait être réaménagé en maison de retraite, mais fut finalement laissé en friche. Tout a été emporté et je ne visite que de grandes pièces vides, sur quatre étages. Autant dire que l'exploration est rapide. Je descends dans la cave. L'amie qui m'accompagne me suit sans être trop rassurée. Et il y a de quoi car si les étages ne semblent pas souffrir de l'humidité, le sous-sol est complètement inondé. Un mètre d'eau y stagne. J'aperçois un cadre de tableau qui flotte à la surface. Je poursuis mon exploration, puis reviens sur mes pas pour photographier ce cadre. Il a disparu. Comment est-ce possible ? Il n'y a pourtant aucun courant. Mon imagination s'emballe et je m'invente des scénarios dignes de films d'horreur. Les esprits qui vivent encore dans cette maison peuvent-ils faire bouger les objets ? Il est temps d'aller prendre l'air et de profiter de la vue sur la maison depuis le jardin. C'est encore là qu'elle semble le moins abîmée. •

Urbex | Site n° 26 ↓ | La pension inondée

LE MOULIN SUR LA SARTHE

[INDICES]
Au bord de la Sarthe
⌐ Zone industrielle du Mans
△ Voie de chemin de fer

☠ Dangerosité : 5/5
⊙ Durée de la visite : 2h

| Urbex | Site n° 27 ↓ | Le moulin sur la Sarthe |

Sur l'autoroute, je file en direction du Mans. Si j'ai entendu parler de cette ville, c'est uniquement à cause de son circuit automobile. J'avoue que c'est un peu succinct ; ce nouveau site d'exploration va me donner l'occasion de parfaire ma culture sur l'histoire du Mans et de sa région. J'ai rendez-vous avec le père d'une amie. Il doit m'indiquer « un lieu qui va te plaire j'en suis certaine », m'a-t-elle écrit avant mon départ. Une usine à farine, la première dans ma liste d'explorations urbaines. Alors, cela ne se refuse pas. Pour rejoindre mon « indic' », je dois rejoindre la zone industrielle et garer ma voiture sur un petit parking. Avenant et souriant, mon guide, qui ne m'accompagnera pas pour la visite, me donne toutes les informations pour trouver ce qui s'avère être non pas une usine, mais un moulin. Un vrai moulin avec une roue qui tourne dans l'eau. Cette nouvelle m'enthousiasme.

_____ Qui dit moulin, dit eau ! La Sarthe est toute proche. Je dois prendre une rue passant sous la voie de chemin de fer pour rejoindre le site. Je passe devant l'usine. Des grandes bâtisses aux toits d'ardoise. En longeant les grilles, je remarque que la cabane du vigile est vide. Le site fonctionne encore lors de ma visite, je peux être repéré. Je renonce à escalader le transformateur pour pénétrer sur le site. Une maison mitoyenne sans

Urbex · Site n° 27 · Le moulin sur la Sarthe

| Urbex | Site n° 27 ↓ | Le moulin sur la Sarthe |

Urbex   ↙ Site n° 27   Le moulin sur la Sarthe

doute habitée ne me rassure pas. Je préfère suivre un chemin en cul-de-sac contournant le moulin. Un grillage en marque la limite et, par chance, il a été troué. Des fils barbelés ont été ajoutés et ne seront pas simples à passer. J'ôte mon sac à dos et ma veste pour me glisser sans me blesser. Un grand « crac ». Tant pis pour mon jean qui s'est pris dans les fils coupants. Rien de grave ! Me voici entre les murs. Le site est immense. Plusieurs bâtiments de trois, quatre, voire cinq étages entourent une vaste cour goudronnée. Des conduits servant à collecter le grain sortent encore des façades. La rouille colore en partie les enduits. Quelques vitres sont cassées mais, en apparence, l'architecture est plutôt en bon état pour un bâtiment désaffecté depuis si longtemps. En me baladant, je ne peux m'empêcher de le comparer avec les moulins de Paris que j'avais explorés, dans les années 2000, avant leur réhabilitation. J'avais été surpris par ces immenses toboggans traversant les étages par lesquels les sacs de farine descendaient à la queue leu leu. J'espère pouvoir faire des photos aussi artistiques qu'à Paris. Je dois choisir le bâtiment à explorer en priorité.

_____ Je sais que je n'aurai pas le temps de tout voir. Un moulin à roue est forcément sur le fleuve, c'est donc par celle-ci que je commence mon investigation. L'intérieur est très poussiéreux, mais tout est resté en place. Les bureaux sont encore meublés. Dans le hangar du rez-de-chaussée, des empilements de palettes en bois attendent leur chargement. Tout semble

> **HISTOIRE** En 1809, on comptait neuf cent vingt-six moulins sur la Sarthe. Construit entre 1861 et 1863, cet établissement industriel était équipé de deux roues de neuf mètres de diamètre et quarante paires de meules. Elles broyaient les grains pour produire jusqu'à trois cent soixante mille quintaux de farine par an. Mais avec les progrès technologiques, plus besoin d'eau pour faire tourner les turbines : les moulins au bord des fleuves sont laissés à l'abandon. Les roues du moulin s'arrêteront dans les années 1950. Une autre usine produisant des aliments pour bétail a été construite sur le même site.

> **ANECDOTE** Des frayeurs, j'en ai déjà eu pas mal lors de mes périples, mais cette fois-ci j'ai sans doute échappé au pire. Mon obsession de vouloir trouver la grande roue du moulin me pousse à tenter une incursion dans un des bâtiments près du fleuve. La toiture est éventrée et la pluie a sacrément détérioré le plancher. Je scrute la pièce et j'avance avec une extrême prudence, en veillant à poser mes pieds aux endroits les plus secs. Mais sans prévenir, le sol se débine sous mes pieds. Mon instinct de survie me fait bondir quelques pas en arrière. Tout le sol est pourri et s'effondre au moindre mouvement. Le trou au travers duquel j'ai failli basculer est profond de plus de quatre mètres.

figé dans le temps. Mes pas résonnent dans ces grands espaces vides. Je monte à l'étage. Les rampes que je cherchais sont là. Jaunes, bleues, elles traversent les étages pour déverser leur contenu dans les bennes des camions. Toutes les manœuvres étaient télécommandées par une machinerie électronique, un plan coloré semblable à un Mecano toujours fixé au mur d'une des salles techniques. Je comprends grâce au style du schéma qu'il date des années 1960.

Je pars ensuite en quête de la grande roue du moulin. Celle qui tournait avec la force du courant de la Sarthe pour faire fonctionner les meules. Je sais qu'elle ne fonctionne plus, mais ces mécanismes m'ont toujours fasciné. J'aperçois le silo à grain. La roue ne doit pas être loin. En effet, une vitre la sépare du reste du bâtiment. Je peux voir les pales et surtout la taille énorme de ce moteur hydraulique. Impossible d'aller au-delà. Ma déception est grande, mais je suis heureux de l'avoir trouvée. On croirait l'immense roue fixée à l'arrière des bateaux naviguant sur le Mississippi… cela valait bien ce détour. ●

| Urbex | Site n° 28 ↓ | Le collège de la fontaine |

e troc est une pratique courante entre explorateurs urbains. Nous nous échangeons des adresses de lieux insolites en toute confidentialité. Je consulte de temps en temps les sites de mes comparses et, lorsque je repère un endroit que j'aimerais explorer, la négociation commence. Il a fallu que je cède « le manoir à la lanterne » pour obtenir les informations sur ce collège fermé depuis à peine quelques années. Un lieu spectaculaire mais bien gardé, me prévient mon correspondant. Je n'irai donc pas seul cette fois-ci. Nous voici sur l'autoroute vers le nord de Paris. Une trentaine de kilomètres plus loin, nous trouvons très facilement le site à explorer. Mais l'enjeu est de repérer un accès discret, loin de la guérite du gardien. C'est là que les choses se corsent. La propriété est immense et il va nous falloir un certain temps pour en faire le tour. Nous n'avons pas le choix et cela fait partie du jeu. En contournant l'enceinte, nous découvrons assez rapidement un passage. Notre joie l'emporte sur notre vigilance. Des voisins du collège ont signalé notre présence et le gardien tant redouté nous prie gentiment de partir. Cette première tentative avortée aura permis de repérer les lieux. De retour vers la capitale, nous songeons déjà à revenir. Mais comment entrer ? La propriété est immense, il y a forcément une faille : un grillage percé, un mur à escalader... Pas question

cette fois-ci d'attirer l'attention. Le collège s'étend au-delà de la commune et c'est par là que nous décidons de trouver un passage.

Un champ cultivé longe le domaine jusqu'à une forêt mitoyenne. Plus de dix minutes de marche sont nécessaires pour retrouver le mur du collège. Par chance, une partie est effondrée. La voie est libre. Nous commençons la visite par les installations sportives, un terrain de tennis et un autre de basket, une piscine découverte complètement vidée. Un premier bâtiment, plutôt contemporain, hébergeait le self-service, à l'étage des salles de classe sont fermées. Rien de bien passionnant… Seuls un sac à dos contenant des livres et des cahiers sont posés contre une photocopieuse et semblent attendre leur propriétaire. Une nature morte rappelant le dernier passage des élèves. J'ouvre la porte d'un débarras rempli de cartes de

Urbex · Site n° 28 ↓ · Le collège de la fontaine

géographie. Nous avions les mêmes dans mon lycée...

───── Nous sortons de ce bâtiment un peu trop moderne à notre goût. Direction les monuments historiques. Le collège a ouvert ses portes sous Louis XIII, le père de Louis XIV. Des milliers d'élèves sont passés par là et quelques-uns sont devenus célèbres, hommes de lettres ou de pouvoir des XVIIe et XVIIIe siècles ou plus récemment, des acteurs et même un ennemi public numéro un !

───── En traversant le parc pourvu d'un lac, je tombe sur une fontaine monumentale tout à fait singulière. L'ensemble est envahi par la végétation. Au-dessus du mur, une céramique noire en forme de cratère grec marque l'emplacement de la source. Une sainte l'aurait faite jaillir lors de son passage

au Ve siècle, et depuis ce temps, des pèlerinages rendent hommage à la sainte. De l'eau stagne toujours au fond. Une alcôve est creusée et devait contenir la statue de la sainte. Je remarque une ouverture et j'entreprends de descendre dans le conduit. Pas facile de se faufiler entre les barreaux, mais j'y arrive. La pièce entièrement voûtée est maçonnée avec des pierres calcaires. Au bout du tunnel, une immense citerne alimente la fontaine. Sur la gauche, un passage mène visiblement à la chapelle, et probablement à tout l'établissement. Il est malheureusement bien trop exigu pour être visité. Un bel ouvrage de construction qui pourrait vite devenir dangereux : des fils électriques pendent du plafond. J'immortalise l'endroit avec quelques clichés avant de sortir.

―――――― Les derniers bâtiments sont réellement somptueux ; ils ont été construits sous Louis XIII, sur le modèle des constructions royales de l'époque. La chapelle est aussi prestigieuse

Le collège de la fontaine

> **HISTOIRE** Cet internat a traversé les siècles. Tenu par les pères de l'Oratoire, il fut construit sous le règne de Louis XIII. Avant de devenir un établissement scolaire de renom, un orphelinat fut installé par Blanche de Castille. Plusieurs restaurations seront nécessaires pour redonner vie à ces bâtiments. Transformé en collège au XVIIe siècle, Louis XIII lui attribue le titre d'Académie royale. Pendant près de quatre siècles, des milliers d'enfants et d'adolescents vont fréquenter cet établissement avant qu'il ne soit définitivement fermé pour des raisons financières.

> **ANECDOTE** Le domaine se situe à la campagne. Alors que j'entends des oiseaux chanter, je poursuis ma visite accompagné par ce concert. Je me réjouis de ce cadeau offert par la nature. Je fais des photos, je prends mon temps… mais parmi les vocalises, un son me semble plus strident que d'autres. Je tends l'oreille et je réalise que ce que j'entends n'est pas du tout ce que je crois : une alarme s'est déclenchée. Plus question de flâner. Nous prenons nos jambes à notre cou et nous détalons aussi vite que possible.

> **À NE PAS RATER** La fontaine pour son côté catacombes. C'est le souterrain qui m'y fait penser. Ce lieu dégage un parfum de mystère intéressant, renforcé par le fait que je ne sais pas où mène le passage inondé. Des souterrains labyrinthiques ? J'aimerais aller plus loin, mais l'étroitesse du conduit m'en empêche. Dans ce lieu, je retrouve le charme des anciens jeux vidéo où on ne peut pas aller plus loin car il nous manque un objet spécial. Alors pourquoi ne pas revenir pour explorer ce conduit équipé d'une combinaison ?

que celle de Versailles. De l'extérieur, on peut admirer les vitraux décorant son abside. L'ancien prieuré impose quant à lui ses volumes. Nous rentrons sans difficulté. Nous essayons toutefois de faire vite, car la loge du gardien n'est pas loin. Des fauteuils de style Louis XIII en bois sculpté, décorés de tapisseries fleuries, sont alignés dans les couloirs. La salle des professeurs a été aménagée dans une pièce luxueuse éclairée par un lustre doré. Les casiers ont été vidés. Le mélange des styles est surprenant. Nous voyageons dans le temps d'un bâtiment à l'autre, dans ce collège qui a survécu à plus de trois siècles d'histoire. ●

Urbex ✓ Site n° 29 Le parc du labyrinthe

LE PARC DU LABYRINTHE

[INDICES]
Attractions encore visibles
⌐ Près de la forêt de Fontainebleau
△ Lacs artificiels au nord

☠ Dangerosité : 1/5
⏲ Durée de la visite : 3 h

Urbex   Site n° 29 ↳   Le parc du labyrinthe

Une forêt à perte de vue. J'ai du mal à croire que dans ce coin perdu, un parc d'attractions ait pu attirer les foules. J'arrive devant l'entrée, marquée par une grille monumentale, ceinturée par un large mur, haut d'au moins deux mètres cinquante. Impossible de l'escalader. Heureusement, en arrivant, j'ai remarqué un cours d'eau qui doit certainement traverser le parc. J'écoute et me dirige au son de l'eau. La petite rivière passe bien sous la route et sous le mur qui clôt le parc. Pour découvrir cet endroit insolite, il va falloir mettre les pieds dans l'eau. Ma curiosité est trop grande pour que je tourne les talons.

_____ Avant chaque expédition, je prépare mon matériel et emporte toujours une paire de bottes. Aujourd'hui, elles me serviront à passer ce cours d'eau. Avant de me lancer, je vérifie la profondeur et le débit de la rivière ; pas question de prendre le moindre risque. En me penchant, j'aperçois le fond rocailleux. Je plonge un pied, et constate avec joie que trente centimètres à peine me séparent du lit du bras d'eau. J'avance tel un soldat de commando, le sac à dos bien accroché aux épaules et la casquette vissée sur la tête. La distance à parcourir n'est pas si longue et j'espère que je ne devrais pas plonger pour passer sous le mur.

Urbex ↙ Site n° 29 Le parc du labyrinthe

Urbex — Site n° 29 — Le parc du labyrinthe

> **HISTOIRE** À la fin des années 1990, un parc d'attractions ouvre ses portes dans ce domaine de 42 hectares entourant un château du XVIIIe siècle. Une vingtaine de jeux et d'animations : manèges, structures gonflables, lac, mini golf et labyrinthe végétal faisaient le bonheur des jeunes enfants. Jusqu'à sa fermeture, le parc pouvait accueillir entre cinquante mille et cent soixante mille visiteurs. Depuis, les attractions et le château ont été mis en vente sur Internet. Le parc est aujourd'hui « squatté » par une harde de sangliers.

> **ANECDOTE** Les cabanes à l'entrée du parc sont toujours debout. C'est là que les visiteurs passaient obligatoirement pour pénétrer dans le parc d'attractions. Les lieux sont déserts. On scrute rapidement chaque recoin. Pas grand-chose à mettre en boîte, excepté une immense toile d'araignée que l'on vient de sectionner en poussant la porte. Le silence devrait être d'or, pourtant, un bruit sourd fend l'air confiné de cet habitacle. Cela vient du téléphone posé sur une table. Couvert de poussière, le combiné est légèrement décroché et la ligne sonne toujours occupée...

_____ Après quelques centaines de mètres de marche aquatique, me voici sur la berge d'un plan d'eau aménagé. Les cygnes et les canards, maîtres des lieux, y barbotent tranquillement. Ils semblent étonnés de me voir gesticuler sur le quai pour ôter mes bottes. Ce ponton bordé de pneus devait servir à arrimer les barques pour embarquer les clients en balade sur le lac artificiel. Des débris de barrières à la peinture écaillée et un panneau « sens interdit » au rouge éclatant flottent encore à la surface. Le bord du bassin est orné de deux salamandres sculptées dans la pierre. Deux paons passent devant moi, l'air hautain. Veulent-ils me signifier qu'ils sont les nouveaux propriétaires des lieux ?

_____ Je tourne les talons pour visiter l'intérieur du parc où des attractions sont toujours en place. Sur mon chemin, une immense grenouille en carton-pâte, l'œil globuleux et les pattes écartées, s'apprête à sauter. Même avec sa culotte courte retenue par une paire de bretelles, cette bestiole gigantesque devait impressionner les enfants.

Urbex   ↙ Site n° 29   Le parc du labyrinthe

Un peu plus loin, un panneau « virage dangereux » indique l'emplacement de l'ancien circuit de voitures envahi par les herbes sauvages. Les rails sont encore rivés au sol. Au fil de mon exploration, les jeux démontés reprennent vie sur le terrain. J'imagine les enfants ne ménageant pas leurs efforts pour franchir l'arrivée, sous les encouragements de leurs parents.

_____ Je continue avec l'espoir de découvrir quelque pépite, un objet particulier qui donnera du relief à ma visite. Me voici dans le coin restauration : un immense chapiteau, avec à l'intérieur un comptoir et des tables en bois pour les pique-niques. Rien de passionnant. Soudain, j'aperçois dans un hangar une voiture de collection. La réplique d'un tacot du XIXe siècle, bleu et or, en parfait état. Ce drôle d'engin faisait partie d'une des attractions phares du parc dans laquelle les visiteurs se promenaient en voiture dans les sous-bois du parc. Pourquoi ce véhicule est toujours sur place ? Que sont devenues les autres pièces de la collection ? Impossible de le savoir ! Je serais presque tenté de prendre le volant pour terminer mon exploration.

_____ Une palissade attire soudain mon attention. Au-dessus, nous pouvons lire « Le Labyrinthe » sur un panneau en bois. Des figures de Walt Disney, Bambi et Donald, décorent l'entrée. Voici l'autre attraction phare du parc. La végétation est exubérante et je m'attends à me perdre dans une succession de haies et d'arbustes. Mais le concepteur de ce divertissement a préféré habiller des espaliers qu'il a couverts de filets de camouflage. Je termine le parcours sans embûche, heureux comme un enfant... ●

Me voici en pleine campagne. Dans un gros bourg à l'est de Paris. Des champs cultivés s'étendent à perte de vue. Impossible de capter le moindre réseau et, par conséquent, la carte interactive qui pourrait m'aider à trouver l'objet de ma visite : le château de l'ancienne seigneurie. La logique voudrait que je sorte du village, mais dans mes notes j'avais pris soin d'indiquer que l'accès principal du site se trouvait dans le hameau. Un lieu abandonné dans un si petit patelin ne devrait pas passer inaperçu. En effet, après quelques recherches, j'aperçois une porte qui ne peut être que celle d'un domaine de standing. Sauf qu'elle donne sur une rue exposée aux regards. Un muret facile à enjamber pourrait me permettre de pénétrer dans la propriété, mais je préfère trouver une autre solution. Comme à mon habitude, je longe les murs. Très vite, j'atteins la limite urbaine et me retrouve sur un chemin forestier. Je ne sais pas trop où je vais, mais je préfère m'aventurer sur des chemins de traverse plutôt que risquer d'être repéré dans le village. Le domaine est assez grand, il y a forcément un autre accès possible.

_____ Quelques centaines de mètres plus loin, après avoir passé un cours d'eau, une clôture et un pont, j'aperçois enfin les grilles qui clôturent le domaine côté campagne. Deux bâtiments se font

face : le château et une exploitation agricole, sans doute l'ancienne ferme de la seigneurie. Un rapide tour d'horizon depuis les grilles me permet de reconstituer la configuration du lieu. J'entends des voix, côté ferme. Je repère une porte ouverte, côté château. Le domaine est donc en partie habité. Et dire que j'ai fait un sacré détour pour finalement me retrouver encore plus exposé aux regards. C'est tout l'art des explorateurs urbains : élaborer des stratégies pour éviter de se faire surprendre. Mais rien n'est jamais gagné d'avance… Je décide d'avancer à découvert jusqu'à l'ouverture située sous l'escalier. Advienne que pourra !

_____ Pari réussi. *A priori*, personne ne m'a vu passer. Mon cœur bat à cent à l'heure. Je me donne quelques minutes pour reprendre mes esprits. Je suis dans la cave. Un escalier caché derrière un épais rideau mène à tous les étages.

Urbex · Site n° 30 ↓ · Le manoir aux moutons

Tout est ouvert. L'exploration du château peut commencer.

J'avance à travers un véritable bric-à-brac, composé d'objets posés pêle-mêle, couverts de poussière et de moisissures : une balance à poids complètement rouillée, des bibelots, des papiers jaunis, une étoile de shérif en plastique posée sur un plateau en cuivre... un enfant habitait certainement la maison. Au premier étage, la bibliothèque, ou plutôt ce qu'il en reste, capte toute mon attention. Les étagères sont pleines de livres en tous genres, bandes dessinées, revues scientifiques et agricoles. Un canotier a été abandonné sur un meuble. Un tourne-disque des années 1960 gît sur le parquet rongé. J'enjambe ce tas de papiers et grimpe au deuxième étage. Un bel escalier en bois massif y conduit. Chaque pièce est ornée d'une cheminée surmontée

d'un trumeau. Les chambres dans lesquelles il ne reste rien hormis de vieux matelas et des tapisseries décrépies ont conservé une certaine élégance. Le jardin d'hiver qui court le long de la façade permet d'accéder aux salons. Un revolver en plastique a lui aussi été abandonné sous la verrière, tout comme l'étoile de shérif aperçue à la cave.

Les pièces de l'étage ont gardé leurs boiseries et marbres sculptés. Un piano droit, plutôt bien conservé, et des fauteuils finissent tranquillement de pourrir à l'ombre des volets. Dans une autre pièce, sans doute un bureau, tout est brisé ou presque. Je remarque une machine à compter, un genre de caisse enregistreuse d'un autre temps, posée sur le bureau de style Louis XV. Des fauteuils capitonnés couverts de vermine et quelques meubles ont résisté au temps. Sur l'un d'eux, trônent trois bougies en forme de moutons. Ce sont aussi des moutons, mais cette fois-ci bien vivants, que j'aperçois par une des fenêtres. Ils paissent tranquillement dans le parc; un poney les accompagne. En les observant, je réalise que les agriculteurs d'en face pourraient me découvrir… il est temps de partir! ●

Urbex • Site n° 30 ↓ • Le manoir aux moutons

> **L'HISTOIRE** Quelques bribes d'histoire entourent ce château. Nous savons que au XVIIIe siècle, les deux seigneuries de la commune sont rachetées par un duc célèbre. Le nouveau seigneur fait construire sur son domaine le manoir aux moutons. Il sera réaménagé au fil du temps, puis sera en partie démoli. Aujourd'hui, il ne reste plus que l'orangerie d'hiver et le petit château.

> **ANECDOTE** Qui aurait pu croire qu'en visitant ce château, je puisse faire ce type de rencontre ? Je déambule de pièce en pièce, en veillant à ne pas m'approcher des fenêtres : la ferme habitée est toute proche et je ne veux pas être repéré. En abordant le deuxième étage, je ne peux m'empêcher de jeter un œil à l'extérieur. Mon regard croise celui d'un poney qui broute en contrebas du jardin. Il lève sa tête comme si un bruit l'avait dérangé. Le trépied de mon appareil photo cogne la vitre. Le poney me fixe. Sans doute a-t-il senti ma présence ? En tout cas, c'est ce que j'ai envie de croire. Je l'observe autant que lui me scrute du regard. À quoi pense-t-il à cet instant ? Peut-être à la même chose que moi : un moment de poésie furtif mais intense que j'emporte dans mes souvenirs.

> **À NE PAS RATER** La petite pièce proche du salon. Un genre de boudoir contenant deux fauteuils, un canapé d'époque et une machine à compter d'un autre temps. Je n'ai pas compris son utilisation et la façon dont elle fonctionnait, mais l'objet était assez intrigant. À l'entrée de la pièce, adossés aux battants des portes, deux cadres étaient posés au milieu des débris. Dans chacun d'eux une lithographie en noir et blanc, sans doute une reproduction, représentait une scène de genre figurant une femme et son enfant, de purs moments de grâce, intitulés : « La lecture » et « La prière ».

ENVIE D'ALLER PLUS LOIN ?
Château, zoo, carrière, laiterie… à vous de jouer et de partir sur la trace de ces vingt sites abandonnés. Plus d'indices sur Glauque-Land !

SITE N° 31 _ La carrière aux champignons et aux flacons
[INDICES]
\# Champignons japonais
△ Forêt domaniale du Val-d'Oise
☠ Dangerosité : 4/5
⊘ Durée de la visite : 2 h

Un lieu labyrinthique, où l'on découvre des détecteurs sismiques, des cylindres de liège et même des restes de petites amphores… Ne pas y aller sans plan !

SITE N° 32 _ Le château des angelots
[INDICES]
\# Au sud-est d'un parc logistique
△ Série de lacs au sud
☠ Dangerosité : 3/5
⊘ Durée de la visite : 3 h

Une magnifique demeure dont les bâches bleues recouvrant la toiture se confondent avec le ciel et où planent encore quelques créatures ailées.

SITE N° 33 _ Les fours silencieux
[INDICES]
\# Pays de la Loire
△ À l'est d'une autoroute
☠ Dangerosité : 5/5
⊘ Durée de la visite : 1 h

D'anciens fours à chaux inutilisés forment une structure insolite très agréable à visiter. Déconseillé aux personnes sujettes au vertige…

SITE N° 34 _ La fabrique secrète
[INDICES]
\# Lacs artificiels
△ Forêt domaniale
☠ Dangerosité : 2/5
⊘ Durée de la visite : 3 h

Au cœur de la forêt, une ancienne usine cachée qui plaira aux fans de vieux bidons et de boulons rouillés. Attention, un gardien veille au grain…

SITE N° 35 _ La laiterie de la rivière

[INDICES]
\# Zone industrielle
△ Entre deux champs

☠ Dangerosité : 4/5
◎ Durée de la visite : 3 h

Au bord d'un cours d'eau, découvrez une grande et belle laiterie et sa jolie petite maison au milieu des odorantes glycines.

SITE N° 36 _ La maison capharnaüm

[INDICES]
\# Au fond d'une vallée
△ Immenses champs tout autour

☠ Dangerosité : 1/5
◎ Durée de la visite : 1 h

Une maison remplie à craquer d'objets en tous genres : bandes dessinées, disques et même un célèbre extra-terrestre souhaitant téléphoner chez lui.

SITE N° 37 _ La maison de Colette

[INDICES]
\# Rouget de Lisle
△ RER C

☠ Dangerosité : 3/5
◎ Durée de la visite : 1 h

Une vieille bâtisse où l'on marche littéralement sur des partitions. À ne pas manquer : l'insolite chaudière au visage humain.

SITE N° 38 _ Le manoir de l'octogone

[INDICES]
\# À l'est d'un stade
△ Cimetière au nord

☠ Dangerosité : 5/5
◎ Durée de la visite : 1 h

Au cœur de ce vieux château, une pièce au plafond octogonal vous séduira par sa beauté toute singulière.

SITE N° 39 _ Le zoo de la poule noire

[INDICES]
\# Stade à proximité
△ Perdu au milieu des champs

☠ Dangerosité : 1/5
◎ Durée de la visite : 2 h

Un zoo déserté dont les cages à singes sont parfaitement conservées.

SITE N° 40 _ Le studio Goldorak

[INDICES]
\# À l'est de deux îles
△ En pleine ville

☠ Dangerosité : 1/5
◎ Durée de la visite : 1 h

Un ancien studio photo dont la cave recèle des surprises héritées des années 1980. Une vierge phosphorescente vous y attend.

SITE N° 41 _ L'usine au visage bleu

☞ [INDICES]
- \# Zone industrielle
- △ Au nord d'un golf
- ☠ Dangerosité : 5/5
- ⊘ Durée de la visite : 2 h

Une usine odorante abandonnée depuis plus de quarante ans, dont la dangerosité n'a d'égale que son charme.

SITE N° 42 _ Le village sourd

☞ [INDICES]
- \# En bout de piste
- △ Circuit moto à proximité
- ☠ Dangerosité : 1/5
- ⊘ Durée de la visite : 3 h

Un village quasi déserté où le silence de l'abandon est brisé chaque minute par le passage des avions.

SITE N° 43 _ La batterie de la bière

☞ [INDICES]
- \# Forêt domaniale
- △ À l'est d'un aéroport militaire
- ☠ Dangerosité : 5/5
- ⊘ Durée de la visite : 2 h

Les longs et obscurs couloirs de ce vieux fort militaire imposent une visite équipée d'une lampe de poche.

SITE N° 44 _ L'hôtel aux jonquilles

☞ [INDICES]
- \# À l'est de l'autoroute de l'arbre
- △ Haras à proximité
- ☠ Dangerosité : 4/5
- ⊘ Durée de la visite : 2 h

Quelques jonquilles apportent un peu de poésie à la visite de ce vieil hôtel désaffecté, sa piscine sinistre et son ancienne ferme rongée par les intempéries.

SITE N° 45 _ Le cimetière au bout du chemin

☞ [INDICES]
- \# Dans le Vexin
- △ Trois champs de couleurs différentes
- ☠ Dangerosité : 1/5
- ⊘ Durée de la visite : 1 h

En pleine campagne, un petit cimetière disparaît progressivement, absorbé par la végétation. Quelques tombes sont ouvertes, à la vue de tous.

SITE N°46 _ La demeure aux coquillages

[INDICES]
- \# Chemin de fer au sud
- △ Aéroport au nord-ouest
- ☠ Dangerosité : 3/5
- ⊘ Durée de la visite : 2 h

Une magnifique demeure où se côtoient de nombreux objets très bien conservés contrastant avec un piano complètement décomposé.

SITE N°47 _ La ferme et les colonnes

[INDICES]
- \# Château habité à proximité
- △ Serres au nord
- ☠ Dangerosité : 5/5
- ⊘ Durée de la visite : 3 h

Dans ce vaste domaine abritant de jolies fermettes, ne manquez pas la ferme semi-troglodyte.

SITE N°48 _ Les deux tours grises

[INDICES]
- \# En Belgique
- △ Lac turquoise au sud
- ☠ Dangerosité : 5/5
- ⊘ Durée de la visite : 1 h

Deux immenses tours de refroidissement, magnifiques constructions industrielles. Attention où vous mettez les pieds...

SITE N°49 _ Le manoir aux papillons bleus

[INDICES]
- \# Base nautique à l'ouest
- △ Forêt domaniale au sud
- ☠ Dangerosité : 5/5
- ⊘ Durée de la visite : 2 h

Un sublime manoir qui ravira les amateurs d'Art Nouveau, mais également de mosaïques florales.

SITE N°50 _ La maison aux volets clos

[INDICES]
- \# Aqueduc à proximité
- △ Entre une nationale et une voie de chemin de fer
- ☠ Dangerosité : 1/5
- ⊘ Durée de la visite : 1 h

Cette ancienne maison recèle des objets anciens fascinants, à découvrir dans une pénombre saisissante.

URBEX — Remerciements

Ce livre n'existerait pas sans les éditions Arthaud. Un grand merci à Valérie Dumeige, Nassera Zaïd et Karine Do Vale.

Un grand merci à Vanessa pour tout. Merci à ma mère (qui m'envoie de temps à autre des sms pour me dire qu'elle a vu un lieu qui pourrait me plaire), Jonathan, Donald, Alex, Jean-Pierre, Cédric, Francis, Guillaume, Mat et Élodie, Valentin et Fabrice.

Spéciale dédicace à mes profs d'architecture, Guillaume Martin et Chantal Desoindres.

Glauque-Land ne serait pas ce qu'il est sans l'aide de Nicolas de Accès Interdit, Guillaume Bailly, Martine Bajolle et Michel Bénézech de Cadillac, Boulet, Carlos Pardo, Cédric et Anwen, Charlène Brahim Le Cornec, Diane Dufraisy, Fabien, Kévin Froissart, Baptiste Goutiers, Aurélien Guermonprez, Iloé, Kek, Antoine Le Bail, Jacques Lebrun, Lien Rag / Krilin, Maadiar, Aurélie Maniez, Yves Marchand et Romain Meffre, Mat et Cam, Médéric, Michael, Pierre-Henry « Wallace » Muller, Rémi Müller, Nomad, Jean-Noël « Papy Urbex », Pascalum, Rémi Procureur, Prussian Blue, Julien Roncaglia, Roudoudou / FLC, Aurélie et Gaëtan Tessier, Thierry, Tristan des Limbes, L'Indispensable Tristan-Edern Vaquette, Chloé Volmmer-Lo, Yxelle, et bien sûr, vous qui me suivez sur Internet !

Achevé d'imprimer en août 2016
en Chine par Book Partners China
Dépôt légal : mars 2016